반려견 교육, 말로 소통하기

반려견 교육, 말로 소통하기

발행일	2022년 8월 31일

지은이	이문기		
펴낸이	손형국		
펴낸곳	(주)북랩		
편집인	선일영	편집	정두철, 배진용, 김현아, 박준, 장하영
디자인	이현수, 김민하, 김영주, 안유경, 최성경	제작	박기성, 황동현, 구성우, 권태련
마케팅	김회란, 박진관		
출판등록	2004. 12. 1(제2012-000051호)		
주소	서울특별시 금천구 가산디지털 1로 168, 우림라이온스밸리 B동 B113~114호, C동 B101호		
홈페이지	www.book.co.kr		
전화번호	(02)2026-5777	팩스	(02)2026-5747
ISBN	979-11-6836-448-6 13490 (종이책)		979-11-6836-449-3 15490 (전자책)

잘못된 책은 구입한 곳에서 교환해드립니다.
이 책은 저작권법에 따라 보호받는 저작물이므로 무단 전재와 복제를 금합니다.

(주)북랩 성공출판의 파트너

북랩 홈페이지와 패밀리 사이트에서 다양한 출판 솔루션을 만나 보세요!
홈페이지 book.co.kr · **블로그** blog.naver.com/essaybook · **출판문의** book@book.co.kr

---

작가 연락처 문의 ▶ ask.book.co.kr

작가 연락처는 개인정보이므로 북랩에서 알려드릴 수 없습니다.

2시간 만에 끝내는 반려견 교육 방법

반려견 교육, 말로 소통하기

이문기 지음

북랩

반려견에게 말을 가르치면
간식으로 회유하거나 고통을 주지 않아도
보호자의 말 한마디에 반려견이 스스로 판단하여
문제 행동을 멈추게 됩니다.

스마트폰으로 QR 코드를 스캔하면 동영상 시청이 가능합니다.

목차

머리말 · 09

반려견 교육을 위한 지침서 · 13
| 신귀철 한국애견협회장의 추천사

행복한 반려문화을 위한 제언 · 16
| 이동식 전 KBS해설위원실장의 추천사

반려견 언어 교육 · 20
반려견 = 아이 · 21
산책의 중요성 선진국 사례 · 24

1장
반려견
교육

01 반려견 교육의 필요성 · 28
02 반려견 교육 철학 · 35
03 반려견 교육 전 준비사항 · 40

2장
반려견에게
하지 말아야
할 행동

01 간식훈련 · 45
02 고통을 주는 방법 · 49
03 그 외 기본적으로 지켜야 할 사항 · 56

3장
문제 행동 및 교육 방법

01 강아지 • 76
02 흥분 • 90
03 짖음 • 96
04 공격성향 • 104
05 분리불안 • 116
06 가정 안에서의 다양한 문제 • 119
　　| 청소기 | 빗질 | 목욕 및 닦아주기 | 대소변 | 놀이
07 가정 밖에서의 다양한 문제 • 128
　　| 산책 | 목줄 | 다견 산책 | 자동차 안 | 공공장소
08 다견 교육 • 148
09 통제 방법 • 152
　　| '앉아' 강요하지 않기 | 감정 조절의 필요성 | 말 가르치기
　　| '안 돼' 이해시키기 | 보호자와 반려견의 관계 | 2시간 1회 교육
10 표정 • 190

4장
유기견과 반려견 사고 예방

01 유기견 예방법 • 198
02 반려견 사고 예방법 • 201

반려견 교육 후기 • 203

맺는글 • 213

머리말

저는 반려견 교육을 30년 이상 하고 있는 반려견 행복 도우미 대표 이문기입니다. 10년 동안의 위탁 훈련을 거쳐, 우리나라에서 가장 오랜 기간인 20년 동안 가정방문 교육을 하고 있습니다. 호주와 일본, 캐나다, 미국에서 그 문화를 배우고 그곳에서 LA지역 교민을 상대로 가족과 반려견 모두가 필요한 현지교육도 제공해주었습니다. 저는 기존의 훈련 방법을 넘어서서 반려견에게 말을 가르쳐서 보호자와 소통이 이루어질 수 있도록 도와주고 있습니다. 이렇게 소통을 통한 방식으로 나쁜 행동이나 습관을 현장에서 바로 교정해주고 있습니다.

어릴 적부터 강아지를 좋아해 반려견 훈련소를 알게 되어 수습생부터 지금까지 계속 이 일을 하고 있습니다. 교육하기 위해 방문하는 가정에서 만나는 반려견을 진심으로 사랑하고 친구로 대하면서 많은 위로와 행복을 받고 있습니다. 특히 문제점을 교정하여 반려견이 변화하면, 반려견의 표정이 밝아지고 보호자가 만족하는 모습을 보입니다. 이때 제가 하는 일에 가장 큰 보람과 성취를 느끼는 것 같습니다.

하지만 이를 뒷받침해주기에 충분하지 못한 우리나라의 현실이 안타깝습니다. 학생들을 대상으로 하는 교육은 세계 1등인데 반해, 반려견 교육은 그에 미치지 못하고 있습니다. 아이들의 기초 교육이 중요하듯 반려견에게도 기본적인 교육이 중요하고, 그만큼 어떤 방법으로 교육하는지도 중요하게 여겨야 합니다.

많은 분이 반려견을 입양하거나 반려견을 위한 용품을 구입하는 데는 돈을 아끼지 않는 반면에, 교육비를 아끼기 때문에 서로 힘들게 생활하고 있습니다. 반려견 선진국에서는 반려견과 관련하여 정보나 영상이 훨씬 많은데도 전문가에게 직접 교육을 배워서 반려견을 키웁니다.

자동차 운전을 동영상만 보고 배울 수 없듯이 반려견 교육도 마찬가지입니다. 책이나 동영상만 보고 자동차를 운전할 수 없듯이, 기계보다 더 민감한 반려견을 다루는 데 있어서 전문가가 필요합니다. 올바른 방법을 모른 채 반려견을 키우면 많은 문제를 낳을 수 있습니다. 보호자가 반려견을 교육할 때 감정이 지나치게 개입되어 역효과가 나는 경우가 많습니다.

이 책에 담은 저의 30년간의 반려견 교육 관련 경험과 지식이 반려견을 키우는 데 어려움을 겪고 계시는 많은 보호자 분께 도움이 되기를 바랍니다. 제 책이 보호자와 반려견이 함께 살아가는 데 있어서 참고서의 역할을 하여, 반려견이 더욱 행복해지기를 바랍니다. 덧붙여 이 책을 쓰는 데 많은 도움을 주신 곽수진 씨에게 고마움을 표합니다.

이웅기

반려견 교육을 위한 지침서

　자신과 함께 살아가고 있는 반려견을 좀 더 이해하고 소통하고 싶어 하는 보호자들의 열렬한 관심은 반려견 행동을 다루는 프로그램의 시청률을 끌어올렸다. 보호자들은 프로그램에서 소개하는 용품을 구매해서 매거나 걸어주고 교육하기도 한다. 그만큼 반려견의 행동 문제로 인해 어려움을 겪고 있는 반려견 보호자가 많다는 방증일 것이다.

　『반려견 교육, 말로 소통하기』 저자인 이문기 훈련 사범이 30년 전 애견훈련사로 입문했을 때는 상상할 수 없었던 변화일 것이다. 그 시대는 주택에서 대형견을 키우는 비중이 높아서 경제적으로 여력이 있는 보호자가 반려견을 애견훈련소에 위탁해서 경비 목적으로 가정에서 필요한 훈련을 의뢰했고, 공격성이 있거나 헛짖음 등의 행동 문제 때문에 훈련소를 찾는 보호자는 극히 드물었다. 집을 지키는 개가 낯선 사람을 보고 짖거나 공격하는 것을 당연한 행위로 받아들였기 때문이다.

주택과 가족의 형태가 바뀌면서 공동주택에 적합한 소형견을 키우는 비중이 높아졌고 애견이 소중한 가족으로서 반려의 존재가 되었다. 반려견의 숫자가 급속하게 증가하게 됨에 따라 공격적인 성향과 헛짖음 등 다양한 행동 문제는 당사자뿐만 아니라 이웃과의 불편한 상황을 초래하고 있다. 이에 따라 국내 가정 방문교육 1세대인 저자는 반려견의 행동 문제를 해결하기 위해 가정에서도 반려견 교육이 필요하다고 판단하였다. 보호자가 관심을 두고 노력하지 않으면 반려견의 행동 문제가 개선되지 않기 때문에 방문교육으로 전환하게 되었다는 것이다.

그는 20여 년간 국내외에서 방문교육을 하면서 얻은 경험과 결과를 바탕으로 『반려견 교육, 말로 소통하기』를 집필했다. 반려견 교육의 필요성과 문제 행동을 방지하거나 해결하는 방법을 『반려견 교육, 말로 소통하기』로 재미있게 표현했다.

그의 경력이 말해주듯이 우리나라 최초의 가정방문 반려견 행동교정 전문가로 새로운 영역을 개척하고 묵묵히 자신의 길을 걸어온 저자가 반려견 행동 문제에 있어 최고 수준의 전문가임을 누구도 부인할 수 없을 것이다. 특히 이 책은 이론에 그치는 것이 아니고 QR 코드 인식을 통해서 다양한 사례의 결과를 확인할 수 있게 집필하여 반려견 보호자에게 실질적인 도움을 주고 있다.

반려견 행동 전문가로 오로지 한길을 걸어온 그의 긴 세월을 한 권의 책으로 집약시킨 이문기 사범에게 축하를 전하며 『반려견 교육, 말로 소통하기』를 반려견과 함께하는 모든 이에게 자신 있게 권하고 싶다.

신지철

(사)한국인명구조견협회 설립자
(사)한국애견협회 설립자/회장

행복한 반려문화을 위한 제언

"왕은 항상 내정(內政)에 강아지 한 마리를 길렀는데, 그 턱밑에 방울을 달아 강아지가 방울 소리를 듣고 놀라 뛰면 이것을 매양 재미로 여겼다."

이렇게 궁 안에 강아지를 한 마리 키우며 즐거워한 왕이 있었으니 누굴까? 그 왕은 연산군이었다.

다만 그 외에 어떤 왕도 궁 안에 개를 키우지 않았다. 그러나 민간에서는 많은 집에서 개를 키우며 정을 나누었다. 인조 때 '이응희'라는 분이 이웃집에서 개를 얻고서 이런 시를 남겼다.

"개는 무심한 동물이 아니니 닭 돼지와는 비길 수 없어라. 예전에 묵은 손님을 때로 반기고 밤에 가는 사람 잘도 알고 짖는다. 짐승을 잡는 재주 매우 민첩하고 염탐할 때 청력은 귀신같아라."

사실 우리와 가장 친한 친구였지만 우리 역사에서는 조금 대접이 소홀했다. 얼마 전까지만 해도 집안에 들어오지 못하고 마당에 있어야 했다.

그러나 이제 이들은 사는 집이 거의 아파트로 변한 후 문 안쪽 거실의 가장 중요한 식구가 되었고, 그 이름도 애완견을 넘어서서 반려견이라는 말로 바뀌었다. 삶을 같이하는 친구라는 뜻이다. 고독한 현대인의 일상 속에 반려견이 크게 늘어 우리나라 가구의 4분의 1이 이들을 키우고 있고, 요즈음 크게 늘어난 1인 가구도 5분의 1이 반려동물과 같이 사는 것으로 나타나고 있다. 정말로 가족으로 바뀐 반려견들, 그런데 이들이 과연 늘 착한 가족일까?

집 안에 있을 때 손님이라도 오면 시끄럽게 짖고 달려들기도 한다. 가족이 외출 후 돌아오면 질투를 하고 할퀴기도 한다. 조용히 하라고 해도 말을 듣지 않는다. 밖으로 산책을 나가면 더욱 심하다. 다른 반려견을 보고 짖거나 대들고 행인들에게도 마구잡이로 짖고 대든다. 심지어는 갑자기 뛰쳐나가 사람을 물어 생명을 잃게 하는 일도 자주 일어나고 있다. 주인에게는 가족이지만 자칫 사회적인 흉기로 변하기도 하기에 착한 반려견으로 키우는 문제가 심각해지고 있다.

　방송이건 책에서건 반려견을 가르치는 법을 많이 이야기한다. 그런데도 잘되지 않아 속상한 분이 많다. 마음은 가족이지만 실제로는 골칫거리라는 호소다. 여기에 등장한 해법이 반려견 행복 나누기 이문기 전도사다.

　일찍부터 집안에서 반려견과 생활한 미국이나 유럽은 어땠을까? 실제로 현장으로 찾아가 그 지혜를 묻고 배웠다. 우리나라 반려견의 특성을 연구해 그들의 행태와 기호, 특성을 연구하기 30년, 이문기 전도사가 찾아낸 해법은 반려견과 대화를 할 수 있어야 한다는 것이다. 얼마 전 방송에서 반려견이 주인에게 대드는 장면이 나왔는데 이런 태도는 있을 수 없고 반려견과 대화를 하지 못한 때문이라고 단언한다. 반려견과 눈을 맞추고 그들의 마음을 알아주면 그들은 정말로 착한 가족이 되어 행복을 나눌 수 있다고 한다. 집 안에서건 밖에서건 반려견의 예절을 제대로 가르치지 않으면 낭패를 당할 수 있다고 말한다.

실제로 많은 치유 사례를 쌓아온 이문기 전도사가 이 비방을 책으로 퍼서 보다 많은 분에게 공유하게 한단다. 반가운 마음에 모자란 추천사를 써 올린다. 착한 가족이 되지 못해 속상한 많은 외로운 영혼들이 이제 반려견에 대한 올바른 대화와 교육을 통해 진정한 가족이 되고 친구가 되어 늘 기쁨을 함께 나눌 수 있기를 기대해본다.

이동식
전 KBS해설위원실장

반려견 언어 교육

반려견은 인생의 동반자입니다.

반려견과 진정으로 친구나 가족이 되려면, 이들을 대하는 방법들을 제대로 알아야 합니다. 저는 오랜 경험을 통해 반려견 교육이 자녀에 대한 교육과 정확히 일치한다는 것을 알게 되었습니다.

자녀에게 말을 가르치면 그 말을 알아듣고 통제가 되듯이, 반려견 또한 말을 가르치면 보호자님의 말 한마디에 통제가 됩니다. 반려견에게 말을 가르치면 짖음, 흥분, 공격성향, 분리불안, 산책 등 실내외 문제가 한 번에 빠르고 쉽게 해결됩니다. 그리고 현장에서도 바로 통제가 이루어져 보호자님께서 반려견에게 고통을 주는 방법들이나 간식 주기, 밀치거나 가로막기, 켄넬에 넣기 등을 힘들게 반복하지 않아도 됩니다.

이제는 반려견과 말로 소통하세요.

반려견 = 아이

    가정에서 자녀가 문제 행동을 할 때, 훈육 과정에서 자녀에게 앉으라고 명령하며 간식을 주는 부모는 없습니다. 또한 밀치거나 블로킹하면서 자녀를 힘으로 제압하거나 압박하는 부모는 없습니다. 하지만 반려견에게는 그러한 행동을 교육한다는 명분으로 아무렇지 않게 하기도 합니다.

    그러한 행동으로 인해 말을 하지 못하는 반려견이 어떤 감정을 느낄지 생각해볼 필요가 있습니다.

    정서적 학대는 감금, 협박, 소리치기 등 가학적 행위로서, 자녀의 인성 발달에 손상을 입히게 됩니다. 신체적 학대는 부모가 자녀에게 손, 발, 주먹 등 신체나 여러 가지 도구를 사용하여 신체적인 손상과 고통을 주는 것입니다.
    이렇게 고통을 주는 방법은 아동에게 있어서 정서적 학대, 신체적 학대와 다름이 없습니다.

이와 마찬가지로 자녀 같은 반려견에게 신체적 고통이나 정신적 스트레스를 주는 행동은 학대로 간주하고 지양해야 합니다. 이러한 방법으로 반려견을 대하면 보호자와 반려견 사이의 신뢰가 흔들릴 것입니다.

예컨대, 많은 보호자가 문제 행동을 하는 반려견의 목줄을 잡아채거나 들어 올려 통제하는 경우가 많습니다. 이때 반려견은 고통을 느끼게 됩니다.

실제로 보호자의 손목에 줄을 걸어서 당겨서 체험해보시면 말 못하는 반려견이 보호자가 반려견을 통제할 때마다 느끼는 고통을 비슷하게 느끼실 것입니다. 그리고 이러한 방법을 계속 사용하시기 어려우실 것입니다.

그 외에도 문제 행동을 보이는 반려견에게 사용하고 있는 통제 방법을 실행하시기 전에 반려견의 입장에서 진지하게 고려해보시기 바랍니다.

반려견을 키우실 때 반려견과 아이를 동일하게 바라보는 연습이 필요합니다. 아이에게 하면 안 되는 행동을 반려견에게는 무의식적으로 하시는 경우가 많습니다.

의식하지 못한 채 행한 고통을 주는 행동으로 인해 반려견은 스트레스를 받게 되고, 그 스트레스는 여러 문제 행동으로 표출되어 결국 보호자에게도 스트레스로 돌아오게 됩니다.

산책의 중요성 선진국 사례

이탈리아 로마에서는 반려견 산책을 소홀히 하는 주인에게 한화로 약 64만 원의 벌금을 물게 합니다.

독일에서는 하루에 2회, 총 1시간 이상 반려견을 산책시켜야 한다는 내용의 새로운 법을 추진하였습니다. 누군가 신고하면 경고를 받게 되고, 경고가 누적되면 양육권을 박탈당하게 됩니다.

미국이나 영국에서는 오래전부터 바쁜 보호자를 대신하여 반려견을 산책시켜주는 전문 도그워커라는 직업이 있습니다. 최근에는 우리나라에서도 알려지면서 새로운 직업으로 떠오르고 있습니다.

이처럼 반려견 선진국에서는 산책의 중요성을 인지하고 반려견 산책을 당연히 여기고 있습니다. 이렇게 매일 산책한 반려견은 스트레스를 받지 않아 가정 내외에서 문제 행동을 거의 보이지 않습니다. 보호자와 반려견이 행복하게 생활하기 위한 첫 걸음은 산책입니다.

청소년이 우울증에 걸리면 짜증, 공격성향, 과식, 불면, 불안 등을 겪게 됩니다. 이와 마찬가지로 반려견 또한 산책을 시켜 주지 않으면 스트레스를 받아 우울증에 걸리게 됩니다. 이로 인해 활력감소, 식욕부진, 수면장애, 배변실수 등 많은 문제를 겪게 됩니다. 이를 예방하기 위해서는 산책이 필수적입니다.

1장
반려견 교육

반려견 교육의 필요성

포메라니안(좌), 몰티즈(우)

반려견 인구 1000만 시대를 맞아 주위에 많은 분이 세 집 건너 한 집에서 반려견을 가족으로 함께하고 있는 모습을 보면 반려견을 잘 관리하는 것이 그만큼 중요하게 다가옵니다. 최근 국내에서 유기견이 증가하고 반려견에 의한 인명 사고가 자주 일어나 사회적으로 문제가 되고 있습니다. 언론에서 이 문제를 다루면서 보호자가 제대로 통제하지 못해 일어나는 불가피한 사고로만 여기는 것이 아닌가 하는 안타까움이 듭니다.

또한 TV 프로그램이나 유튜브 동영상 등의 여러 대중매체에서 흔히 보여주는 간식 훈련이나 고통을 주는 방법 등으로 모든 것이 해결될 것이라고 안일하게 생각하다가 사고를 당하기도 합니다. 이렇게 간식 훈련, 고통을 주는 방법을 포함한 여러 가지 방법이 반려견의 문제를 해결하는 데 큰 도움이 되지 않고 있으니, 지금부터라도 반려견 교육 방법이 달라져야 합니다.

우선 가장 큰 문제는 반려견을 가족으로 생각하면서도 교육은 하지 않고 응석을 받아 주고 편하게만 해주어, 정작 반려견이 가족의 구성원으로서 사람을 어떻게 대하여야 하는가를 가르쳐주지 않는다는 점입니다. 특히 나쁜 습관은 주로 어린 시절에 형성되는데, 이를 적절히 교정해주지 않는다는 것입니다.

강아지 때 짖거나 무는 행위, 혼자 남겨져 있을 때의 불안심리 등을 제때 교정해주어야 반려견이 문제 행동을 하지 않습니다. 이는 마치 우리가 자녀를 교육할 때 자녀가 잘못된 행동을 하게 되면 반드시 교정해주어야 하는 것과 똑같습니다. 이와 더불어 반려견이 밖에 나가서 다른 반려견이나 사람들을 대할 때의 사회성을 어떻게 키워주느냐 또한 관건입니다.

일반적으로 많은 보호자가 반려견 문제를 다룬 TV 프로그램이나 유튜브 동영상, 인터넷을 보고 따라 합니다. 이러한 매체에서는 강아지 때 어떻게 교육해야 하는지 거의 보여주지 않습니다. 반려견이 짖거나 물려고 하면 흔히 간식으로 달래거나 호통을 쳐서 복종하도록 강요하는 경우가 많습니다. 하지만 반려견마다 성격이 다르고 환경이 다르기 때문에 교육 방법도 그 반려견에 맞게 해주어야 합니다.

무작정 미디어가 하라는 대로만 따라 하다가는 교육 중에 감정적으로 대하기도 하고 적절한 통제 방법을 몰라 오히려 부작용을 유발하기도 합니다. 우리보다 반려견 역사와 문화가 앞서 있는 선진국에서도 반려견에 대해 많은 매체가 다루고 있지만, 가정에서 보호자만이 해결할 수 없는 문제인 점을 잘 알기에 전문가를 찾아서 교육을 새로 받으라고 권하고 있는 실정입니다. 그래야만 반려견이 질서를 지키고 타인에게도 피해를 주지 않기 때문입니다.

제가 오랜 경험을 통해서 알게 된 점은, 반려견 교육은 자녀

교육과 정확히 일치한다는 것입니다. 반려견도 나이에 맞는 행동을 하게 해야 하고, 그렇게 할 수 있도록 도와줘야 합니다. 학교 교육에서는 선생님이 학생들에게 일관적인 원칙을 가지고 정답을 가르치는 반면에, 매체에 나오는 반려견 교육은 전문가마다 방법이 다 달라서 보호자들에게 혼란을 줄 수 있습니다. 물론 전문가들은 저마다 자신만의 기술을 가지고 있습니다. 다만 제가 방문교육을 하는 과정에서 반려견에게 도움을 줄 수 있는 효과적인 방법을 고민하다가 이르게 된 결론이 조금 다르다는 점을 알려드리고 싶었습니다.

반려견이 가정 안팎에서 타인에게 피해를 주는 가장 큰 원인은 보호자가 반려견을 올바르게 통제하는 방법을 잘 모르는 데 있습니다. **보호자가 올바른 반려견 교육 방법을 익힐 수 있도록 전문가가 쉽고 빠르게 가르쳐주어야 합니다.** 그렇게 함으로써 유기견이나 반려견 사고가 줄어들 뿐 아니라 반려견 문화의 수준이 향상될 것입니다.

반려견의 나이가 2살이면 사람의 나이로는 24살 정도로 성인이라고 할 수 있는데, 이런 반려견이 나쁜 행동을 하는 경우를 자주 봅니다. 이는 간식 훈련, 고통을 주는 방법과 같은 너무나 원초적인 훈련에만 의존했기 때문입니다. 성인이 상식에 벗어난 문제 행동을 일으키는데 간식으로 달래주면 안 되지요. 또 잘못했다고 꾸중만 해서도 문제가 해결되지 않지요. 반려견도 똑같습니다. 상식적으로 가정에서 자녀에게 적용하면 안 되는 방법은 반려견에게도 하면 안 됩니다.

  반려견을 키우고 함께 사는 목적은 더 행복해지기 위해서일 것입니다. 반려견 또한 여러분의 가족이기에 그 행복은 반려견도 누릴 수 있어야 합니다. 그렇기에 반려견을 키우는 가정의 행복은 올바른 방법으로 반려견을 대해주는 데서 시작합니다. 제대로 된 교육이 처음부터 이뤄져야 한다는 말입니다.

  선진국에서 반려견 사고가 우리나라만큼 빈번하게 일어나지 않는 것은 자녀 교육과 마찬가지로 반려견 교육을 필수라고 생각하기 때문입니다. 전문가가 가정 안팎에 필요한 교육을 제공하고, 이 과정에서 보호자가 반려견과 소통하고 통제하는 방법을 배우기에 타인에게 피해 주지 않고 서로가 행복하게 공존합니다.

  많은 보호자가 반려견을 가족으로 여기고 생활하고 있습니다. 하지만 말을 하지 못하는 반려견이 문제 행동을 보일 때 이를 통제하는 과정에서는, 정작 반려견을 가족으로 대하지 않는 사실이 안타깝게 다가옵니다. **가정에서 아이들이 반항, 고함, 싸움,**

분리불안, 공격성 등 문제 행동을 보일 때는 아이에게 앉으라고 명령하면서 간식 주기, 밀치기, 가로막기, 힘으로 제압하기, 블로킹 등 훈육 방법을 사용하는 부모는 없습니다. 하지만 반려견에게는 교육을 한다는 명분으로 이러한 행동을 아무렇지 않게 하고 있습니다. 말을 하지 못하는 반려견이 보호자의 행동을 어떻게 느끼고 받아들일지 생각해볼 필요가 있습니다.

또한 올바른 교육 방법을 알지 못한 채, 여러 매체를 통해서 접하는 인위적인 방법을 사용함으로써 반려견에게 눈치와 스트레스를 주고 있습니다. 그러나 이러한 사실을 인지하지 못하는 보호자들은 자신의 교육 방법이 통하지 않으니, 감정이 개입된 상태에서 큰 소리 치기, 눈 쏘아보기, 연속적으로 혼내기, 물건으로 겁주기, 힘으로 압박하거나 몰아세우기 등의 행동을 합니다.

이렇게 격양된 감정을 담은 행동은 그 감정을 반려견에게 고스란히 전하게 됩니다. 이는 반려견이 보호자의 눈치를 보거나 공격적인 성향을 표출하는 계기가 되기도 합니다. 여러 차례 강조하고 있는 부분은, 반려견 교육에 있어서 가장 중요한 요소는 감정이 개입되어 있지 않은 상태에서 반려견과의 말을 통한 소통입니다.

이제는 반려견에 관한 생각, 태도, 방법이 달라져야 합니다.
반려견과 가족 모두가 한 가족, 친구가 되어 서로 진정으로 의지하며 기쁨을 나누려면 사랑한다는 마음만으로는 충분하지 않습니다. 대중매체에 등장하는 짧은 지식만으로는 반려견과의 행복이 보장되지 않습니다. 반려견도 자녀처럼 어릴 때부터 좋은 습관을 들이도록 이끌어주어야 합니다.

02 반려견 교육 철학

실내 반려견 방문교육 1세대로서 저는 30여 년의 반려견 훈련(위탁 훈련 10년, 방문 교육 20년)을 진행해오고 있습니다. 현장에서 반려견에 대한 전문지식과 경험을 쌓았고, 이를 보다 전문화하기 위해서 당시 우리나라보다 반려견에 관한 인식이 많이 높았던 미국(LA 교민상대 현지교육), 캐나다, 호주, 일본을 방문하여 그곳의 반려견 문화를 접하고 인식을 넓힐 수 있는 기회도 가졌습니다. 그곳에서는 반려견들이 보편적으로 가정에서 질서가 있고 타인에게 피해를 주지 않고 보호자와 함께 행복하게 잘 살고 있는 모습을 많이 보게 되었습니다.

그러나 우리나라는 갈수록 유기견과 반려견 사고가 증가하고 이웃 간의 마찰이 심화되고 있습니다. 그 이유 중 하나는 여러 매체에서 보여주는 반려견 훈련 방법을 많은 보호자가 무분별하게 따라 한다는 것입니다. 이것이 우리나라 반려견 문화의 현 주소라는 점이 개인적으로 너무 안타깝습니다. 제가 20년간의

미국 LA 불독 아끼다

평상시 산책을 따로 하다가 교육과정에서
사이가 좋아져 함께 다니는 진도견들

방문교육 노하우와 연구를 통해 터득한 쉽고 빠른 반려견 교육 문화를 우리나라에 전달하여 유기견과 반려견 사고, 이로 인한 이웃 간의 분쟁이 줄어들 수 있게 도움을 드리고 싶습니다.

수습 생활을 거쳐 직접 훈련소를 운영하는 과정에서 진도견, 셰퍼드, 골든 리트리버, 로트 와일러, 요크셔테리어 등 여러 종류의 개를 직접 번식시키는 경험을 쌓았습니다. 또한 강아지를 키워내는 과정을 직접 지켜보면서 반려견을 올바르게 관리하는 방법을 배우고 익혔습니다. 이를 통해 내린 결론은 반려견에게는 그에게 적합한 교육방법이 있다는 것입니다.

바로 반려견들에게 말을 가르쳐주는 것입니다. 이로써 보호자와 서로 말을 주고받고 소통을 할 수 있어야 합니다. 반려견이 외로워할 때 어떻게 그 외로움을 풀어줄 수 있는지, 반려견이 불안해할 때가 언제이며 왜 불안해하는지를 알고 대처해주어야 합니다. 어린이들에게 말이 통하는 부모님이 있어야 하는 것처럼 반려견들에게도 말이 통하고 마음을 주고받는 보호자가 필요합니다.

그게 불가능하다면 적절한 반려견 행동 전문가가 필요합니다. 간식 훈련이나 고통을 주는 방법을 사용하지 않고도 보호자들과 소통이 되는 방법이 있습니다. 나쁜 행동이나 습관을 현장에서 바로 교정해주는 것은 전문적인 반려견 지도사의 역할입니다.

　이상적인 반려견 지도사라면 자동차 학원 강사가 수강생에게 도로 상황에 필요한 모든 사항을 가르쳐주어야 안전하게 운전할 수 있듯이, 반려견의 실내외 문제 전체를 해결해주면서 보호자에게 어떤 상황에서도 반려견을 자신 있게 리드할 수 있도록 가르쳐주어야 합니다. 이로써 반려견을 기르는 목적인 서로 행복하게 사는 것을 실현할 수 있습니다.

　저는 반려견에게 서열, 명령, 복종, 제압이란 용어를 쓰지 않고 간식 훈련도 하지 않으면서 반려견의 문제 행동들을 교정해주고 있습니다. 반려견을 먼저 행복하게 해주면 가정, 나아가 사회가 행복해지고 우리나라 행복지수가 더 올라갈 것이라 믿습니다.

　우리가 키우는 개는 친구입니다. 때로는 자녀가 되기도 하고 때로는 동생이 되기도 합니다. 우리는 이들을 모두 '반려견'이라고 부릅니다. 반려(伴侶)는 '짝이 되는 동무'라는 뜻입니다. 아이들을 올바른 인성(人性)을 가질 수 있도록 키워야 하듯 반려견 또한 올바른 견성(犬性)을 가져야 좋은 반려로서 즐거움과 행복을 나눌 수 있습니다.

산책 후 행복한 미소를 짓는 사모에드

03
반려견 교육 전 준비사항

본격적으로 반려견 교육을 시작하기에 앞서, 보호자님이 반려견 교육을 받을 준비가 되어있는지 확인하는 것이 중요합니다. 보호자님이 긴장하거나 흥분한 상태라면 오감이 잘 발달된 반려견에게 그 감정을 전달하게 됩니다. 그로 인해 반려견 또한 불안감을 느끼게 되면서 교육이 제대로 이뤄질 수 없습니다. 보호자님이 평온한 상태를 유지한 채로 반려견 교육을 시작해야 합니다.

또한 보호자님이 어떠한 상황에서도 반려견을 자신감 있게 통제해야 하는데, 이를 위해서는 올바른 통제 방법들을 알고 있어야 합니다. 부모가 아이를 올바르게 리드해주지 못하면 문제아가 될 확률이 높듯이, 반려견 또한 보호자님이 올바르게 리드해주지 못하면 문제 반려견이 되어 힘든 생활을 반복할 수밖에 없게 됩니다. 하지만 반려견은 영리하고 순수하기 때문에 보호자님의 올바른 리드만 있다면 빠르게 변화할 수 있습니다.

반려견의 현재 감정이나 심리를 이해하는 것은 문제 행동을 교정하는 데 아주 중요합니다. 문제 행동을 나타내는 반려견들은 심리적으로 불안한 상태라고 볼 수 있습니다. 그런 자신의 상태를 말로 표현하지 못하는 반려견들이 현재 보호자님이 선택하신 인위적인 방법들을 어떻게 받아들일지 신중하게 생각해보셨으면 좋겠습니다.

여러 매체에서 본 다양한 방법을 연습해보듯이 사용함으로써 교육을 하게 되면 교육에 일관성이 부재하게 됩니다. 이는 반려견에게 혼란, 눈치와 스트레스를 주는 등 많은 부작용을 낳게 됩니다.

2장
반려견에게 하지 말아야 할 행동

지는 오랜 경험을 통해서 반려견 교육이 자녀 교육과 정확히 일치한다는 것을 알게 되었습니다. **반려견도 사람과 마찬가지로 생각을 하고 감정이 있으며 표정이 있습니다.** 그들은 세살 아이와 같은 순수한 마음을 가지고 있으면서도 영리하기 때문에 훈련을 잘 받을 준비가 되어 있습니다.

그런데 일부 매체에서 보여주는 인위적인 방법들은 이러한 반려견의 특징을 반영하지 못한 것 같아 많이 아쉽습니다. 앞서 계속해서 언급하였듯이 반려견 문제를 다룬 TV 프로그램이나 유튜브 동영상, 인터넷 등 여러 매체에서 간식훈련과 고통을 주는 방법을 사용하고 있습니다. 그런데 저는 이것이 최선의 방법은 아니라고 생각합니다.

간식훈련

　많은 분이 간식으로 반려견을 회유하여 말을 듣게 하는 방법, 즉 간식훈련을 하고 있습니다. 반려견이 잘했을 때 그 보상으로 간식을 주는 것입니다. 반대로 반려견이 흥분이나 공격 성향을 보이는 등 문제 행동을 할 때도 간식을 주기도 합니다.

　하지만 간식으로 완화시키는 훈련은 문제 행동을 잠깐 멈추게 하는 일시적인 진통제일 뿐 근본적인 해결 방법이 될 수 없습니다. 더욱이 문제 행동을 했을 때 주어지는 간식은 반려견에게 이렇게 행동하면 먹을 것이 생긴다는 생각을 갖게 하며 오히려 문제 행동을 조장하는 결과를 이끌게 됩니다.

　또한 지나친 간식은 반려견의 건강을 해치는 원인이 될 수 있습니다. **우리나라에서 많은 반려견이 비만으로 인해 질병이 생겨 힘들어하고 있는 상황에서 비만의 원인이 되는 간식훈련은 신중해야 합니다.** 반려견에게 사료만 먹인다면 비만이 거의 생기지 않습니다. 하지만 산책은 시켜주지 않고 간식을 자주 먹이게 되니 비만이 발생하는 것입니다. **사람은 비만의 책임이 본인에게 있지만, 반려견이 비만이 되는 원인과 책임은 반려견이 아닌 주인에게 있습니다.** 반려견이 배가 나오고 허리 라인이 보이지 않는다면 비만이라고 봐야 합니다. 반려견에게 비만이 생기면 척추나 관절에 무리를 주게 됩니다. 또한 당뇨나 노화 등으로 인해 반려견에게 고통과 스트레스를 주게 됩니다. 요즘 건강 프로그램을 보면 사람에게 암보다 더 무서운 것이 비만이라고 합니다, 반려견도 예외일 수 없습니다. 건강은 건강할 때 지켜주어야 합니다.

평상시 반려견에게 간식을 줄 때는 간식처럼 주는 것이 좋습니다. 앉으라고 명령하면서 간식을 주는 방식이 두 번 이상 반복되면 스트레스와 고통을 줄 수 있습니다. 반려견이 간식을 얻어먹을 때 불쌍한 표정을 짓고 침을 흘리는 모습은 보기가 그리 좋지 않습니다.

반려견의 나이가 1살이면 사람의 나이로 15살 정도로 보는데, 가정에서 중학생인 자녀에게 앉으라고 명령하면서 간식을 주면 어떤 반응을 보일지 한 번쯤 생각해보셨으면 좋겠습니다. 가정에서 아이가 문제 행동을 하는데, 훈육 중에 앉으라고 명령하며 간식을 주는 부모는 없습니다.

반려견도 마찬가지입니다. 말 못하는 세 살 아이 같은 반려견에게도 교육 중에 앉으라고 명령하며 간식을 주는 통제방식은 최선의 방법이 아니라고 봅니다. 주인이 앉으라고 명령하면서 간식을 주면 그것을 받아먹는 반려견이 정말로 행복해할까요? 말을 못하다 보니 어쩔 수 없이 받아먹는 것은 아닐까요? 상황상 어쩔 수 없이 명령에 따르며 간식을 받아먹는 반려견의 기분이 어떨지 신중하게 생각해봐야 합니다.

반면에 반려견에게 말을 가르치면 간식 주지 않아도 보호자의 말 한마디에 바로 따라와 통제가 됩니다. 맹인안내견들은 이동 중에 간식을 주지 않아도 자기가 맡은 일을 잘 수행합니다. 저는 교육 과정에 반려견에게 말을 가르치고, 문제 행동을 보일 때 '안 돼'라는 말로 그 행동을 멈추도록 해주고 있습니다.

제가 만났던 보호자들은 대부분 일부 방송매체에서 가르쳐주는 방법을 보고서 간식으로 통제하는 훈련방법을 따라 하셨습니다. 문제 행동을 해결하기 위해 간식으로 훈련을 하다 보면, 반려견은 살이 쪄서 건강에 위협을 받게 되고 보호자들은 새로운 고민을 마주하게 됩니다.

하지만 저에게 교육을 받은 후에는 반려견의 여러 문제 상황에서 '안 돼'라는 한마디로 통제되어 불필요한 간식을 줄 필요가 없게 되었습니다. 실제로 보호자에 의하면 언어로 통제가 되니 살도 많이 빠지면서 건강도 되찾게 되었다고 합니다.

반려견에게 주는 칭찬과 보상은 간식이 아니라 올바른 교육, 충분한 산책, 신뢰와 사랑이어야 합니다. 보호자와 함께 있으면 편안한 분위기를 만들어 주는 것, 그것이 가장 좋은 보상입니다.[1]

---

1) 추가적인 정보는 유튜브 '반려견 행복도우미' 14회, 18회, 23회의 간식훈련 관련 영상을 참고하십시오. 스마트폰에서 이 QR코드를 읽으면 교육 동영상을 시청하실 수 있습니다.

02 고통을 주는 방법

평상시 보호자가 문제 행동을 보이는 반려견에게 큰 소리로 명령하거나 고통을 주는 방법으로 통제하려고 하면, 반려견으로 하여금 부정적인 감정을 불러일으키게 됩니다. 이러한 방식은 반려견의 반발심을 초래하고 공격성을 자극하기도 합니다. 이는 가정 안에서나 밖에서나 다른 반려견이나 타인을 공격하는 큰 문제로 이어지게 됩니다.

훈련하는 과정에서 반려견에게 서열, 명령, 복종, 제압이란 용어를 자주 쓰고 있습니다. 그리고 힘으로 제압하기, 몰아세우기, 목줄로 들어 올리기, 밀치기 등 고통을 주는 방법을 자주 보여줍니다. 가정에서 부모가 아이를 훈육할 때 서열, 명령, 복종, 제압이란 용어를 쓰지 않듯이 세살 아이 같은 반려견에게도 쓰면 안 됩니다. 이러한 용어를 쓰면서 인위적인 방법으로 훈련하면 반려견도 감정이 상하고 반발심을 일으켜 문제 해결이 어렵습니다.

우리나라와 달리 반려견 선진국에서는 반려견 교육을 자녀 교육처럼 필수교육으로 여기기 때문에 반려견이 가정 안팎에서 다른 개들이나 타인에게 피해를 주지 않고 서로 행복하게 살고 있습니다. 하지만 우리나라 가정에서는 많은 분이 고통을 주는 방법으로 반려견에게 긴장감, 두려움, 공포심, 스트레스를 주고 있습니다. 대부분이 일부 매체를 보고 반려견에게 고통을 주는 방법을 거부감 없이 따라하는 경향이 있기 때문입니다. 하지만 이렇게 하면 교육에 일관성이 없기에 오히려 더 큰 문제를 야기하게 됩니다.

다음은 보호자들이 반려견에게 행하는 고통을 주는 방법의 일부입니다. 이런 방법은 지양해야 합니다.

- **'서열, 명령, 복종, 제압'이라는 용어는 지양해야 합니다.**
  강압적이고 감정적인 용어는 반려견에게 상처를 줄 수 있습니다.

- **큰 소리로 이야기하는 것을 지양해야 합니다.** 반려견은 청각이 발달되어 있어 작은 소리도 잘 알아듣습니다. 보호자

가 언성을 높이면 반려견이 눈치를 보아 숨게 되니 부드럽고 작은 목소리로 말해주어야 합니다.

- 🐾 **손가락질을 지양해야 합니다.** 반려견도 자기를 혼내는 듯한 동작을 좋아하지 않습니다. 손가락질보다는 부드러운 말로 반려견이 잘못된 행동을 바로잡을 수 있도록 해주어야 합니다.

- 🐾 **화가 났을 때 반려견의 눈을 쏘아보는 것을 지양해야 합니다.** 이렇게 하면 반려견이 보호자에 대한 두려움과 공포심을 갖게 됩니다. 그로 인해 자기방어적인 행동을 보이게 되고, 이는 공격적인 행동으로 이어질 수도 있습니다.

- 🐾 **힘으로 제압하는 것을 지양해야 합니다.** 이는 반려견에게 사람들의 손길 자체를 무서워하게 되는 트라우마를 주는 행동입니다. 또한 대형견은 자신도 힘으로 제압하면 된다는 잘못된 인식을 가지게 될 수도 있습니다.

- **연속해서 혼내는 것을 지양해야 합니다.** 연속해서 혼내면 반려견에게 긴장감을 주고 반발심을 일으킵니다. 문제 행동을 교정할 때는 반려견이 자신의 행동이 잘못되었다는 것을 인지할 수 있을 정도로 한 번이면 충분합니다.

- **켄넬에 가두는 것을 지양해야 합니다.** 집안에서 짖는다고 가두는 것은 반려견의 자유를 빼앗는 행동이니 신중하게 접근해야 합니다. 이러한 방식은 반려견이 진정한 가족으로서 생활하는 데 큰 걸림돌이 됩니다.

- **물건으로 반려견에게 겁주는 것을 지양해야 합니다.** 이러한 방법은 반려견에게 두려움과 공포심을 주게 됨으로써 특정 사물에 대한 트라우마를 가지게 됩니다. 위협을 주는 행동보다는 말로 반려견의 행동을 통제해야 합니다.

- **반려견들이 싸울 때 높은 곳에 올려두는 것을 지양해야 합니다.** 이는 공포심과 스트레스를 유발합니다. 또한 높은 곳에서 떨어져서 반려견이 심각한 외상을 입을 수도 있습

니다.

😺 **밀치기나 가로막기를 지양해야 합니다.** 이로 인해 반려견은 거부당했다는 생각에 놀라거나 감정이 상할 수 있으며, 오히려 흥분을 유발해 더 공격적으로 변할 수 있습니다.

공격성향을 나타내는 반려견을 힘이 센 보호자가 목줄을 채운 채로 힘으로 끌고 다니거나 목줄로 들어 올려 고통을 주는 경우가 있습니다. 이런 방법은 반려견에게 큰 두려움이나 공포심을 주어 목줄에 대한 트라우마가 발생할 수 있습니다. 그로 인해 힘이 약한 다른 보호자가 목줄을 채우려 할 때 물릴 수 있습니다. 그렇기에 힘으로 억압하는 방식으로 반려견을 대하면 안 됩니다.

가정에서 반항하는 자녀를 힘으로 제압하거나 몰아세우면, 아이는 두려움과 공포심을 느낍니다. 당시에는 아이가 상대적으로 힘이 약하니 수긍하는 것처럼 보이지만, 그 상황이 트라우마의 계기가 되어 문제아로 성장할 소지가 있습니다. 만약 아이가 문제아로 성장하게 되면 가정의 전반적인 생활이 힘들어지듯이, 반려견과 보호자 사이의 관계도 마찬가지입니다.

　교육 과정에서 위와 같이 반려견을 대하면 반려견이 과민해지고 포악해집니다. 거듭 강조하는 이야기이지만 가정에서 자녀들에게 하면 안 될 행동은 반려견에게도 해서는 안 됩니다. **반려견에게 트라우마를 주게 되면 그로 인해 발생하는 문제 행동으로 인해 피해를 보는 것은 결국 힘이 약한 여성분이나 노인, 아이들입니다.**

　반려견도 생각을 하고 감정이 있기 때문에 이를 행동이나 표정으로 나타내는 것입니다. 그렇기에 반려견의 감정을 상하게 하는 고통을 주는 방법은 지양해야 합니다.

　이와 달리 반려견 스스로의 판단을 유도하는 방법은 먼저 아이에게 말을 가르치면 부모와 소통이 되듯이, 반려견에게도 말을 가르치면 현장에서 바로 알아듣고 보호자와 소통이 됩니다. 저의 30년 경험에 비추어 볼 때 반려견은 평상시 청각, 후각, 촉각, 시각의 다양한 감각을 동원해 분위기를 감지해냅니다.

　저의 교육 방법은 반려견을 대할 때 인위적인 방법을 사용하거나 상식에 벗어난 행동을 하지 않고, 눈높이를 맞춰주면서 부드럽게 말을 가르칩니다. 문제 행동을 보일 때는 반려견이 수긍하는 방법으로 통제합니다.

보호자는 어떠한 상황에서도 반려견의 마음을 다치지 않게 하면서도 반려견을 잘 리드해주어야 합니다. 그 과정에서 긴장감과 같은 감정을 드러내지 말고 부드럽고 편안한 분위기를 만들어 주면 반려견 또한 쉽고 빠르게 받아들입니다. 이렇게 보호자가 반려견을 통제할 수 있는 정도에 이르면 문제는 대부분 쉽고 빠르게 해결됩니다.

03
그 외 기본적으로 지켜야 할 사항

다음은 앞서 언급한 것 이외에도 반려견을 키울 때 지켜야 할 사항입니다.

🐾 **산책은 반려견의 건강과 사회성 향상을 위해서 필수적입니다**(산책에 대해서는 이후에 자세히 다룰 것입니다).

🐾 **반려견을 대할 때 훈련사와 보호자, 그 외 모든 사람이 말과 행동을 동일하게 해야 합니다.** 훈련사나 힘이 센 보호자가 교육 과정 중에 감정이 개입되거나 고통을 주는 방법으로 반려견을 대하면 문제 행동이 그 순간에는 교정된 것처럼 보일 수 있습니다. 하지만 교육 이후에 힘이 약한 다른 보호자는 동일한 강도나 행동을 취하기 어렵기 때문에 문제 행동은 언제든지 재발될 수 있고, 트라우마로 인해 상황이 더 악화될 수 있습니다.

그리고 보호자마다 반려견을 대하는 태도나 말과 행동이 다르면 반려견의 행동 또한 보호자에 따라 달라집니다. 혹은 어떤 행동이 올바른 것인지 인지하지 못하고 보호자의 눈치만 살피게 됩니다. 그렇기 때문에 하나의 일관된 방법을 사용하는 것이 중요합니다.

🐾 자거나 쉬거나 밥 먹을 때, 부르거나 만지거나 쳐다보지 않아야 합니다. 세 살 아이나 성인도 잠자거나 밥 먹을 때는 건드리지 않고 편한 환경을 만들어 주어야 하듯이 반려견도 마찬가지입니다. 쉬고 있는 상태인데 사람이 부르거나 만지면 스트레스를 받을 수 있습니다. 촉각이 예민하거나 트라우마가 있는 반려견들은 동물적인 본능에 의해 공격성을 나타낼 수도 있으니 특히 주의해야 합니다.

🐾 가정에 들어오고 나갈 때 반려견에게 무관심해야 합니다. 자칫하면 무정하게 들릴 수 있지만, 반려견을 무작정 무시하라는 의미가 아닙니다. 귀가할 때 반려견에게 흥분을 유도해서는 안 되고 반려견의 흥분을 방치해서도 안 되는 것입니다. 우리나라에서는 외출이나 귀가할 때 반려견과 보호

자가 서로 흥분하는 경향이 있습니다. 하지만 흥분은 짖거나 무는 것과 같은 공격성의 원인이 되기 때문에 질서 있는 생활을 위해서는 자제해야 합니다.

🐾 **반려견의 눈을 1초 이상 뚫어져라 쳐다볼 필요는 없습니다.**
가정에서 자녀가 부모를 계속 쳐다보고 쫓아다니거나 부모가 자녀를 계속 쳐다보고 옆에만 있기를 바란다면, 자녀는 부모로부터 정서적으로 독립하기도 어려워집니다. 보호자와 같이 있는 것 자체로 충분히 교감이 되니 인위적으로 강아지와 교감을 하려고 시도하기보다도 평상시 시간을 함께 보내며 편안한 분위기를 만들어 주는 것이 중요합니다.

🐾 **많은 분이 반려견을 키울 때 재미나, 장난감, 인형같이 대하는 경우가 있는데, 이는 반려견의 정서적이고 행동적인 문제를 발생시킬 수 있습니다.** 특히 아이들이 반려견을 장난감처럼 대하고 괴롭히게 두어서는 안 됩니다. 이것이 반려견이 아이들을 보고 짖고 공격성을 보이는 이유입니다.

라브라도 리트리버

골든 리트리버

※ 산책으로 스트레스를 풀어주어 기분이 좋은 반려견들

3장
문제 행동 및 교육 방법

반려견이 가정에서 문제 행동을 하는 원인은 올바른 교육 방법을 배우지 않고 키우는 것에서 비롯된다고 봅니다. 이로 인해 강아지 때 사회성이 충분히 길러지지 않거나, 산책을 자주 하지 않아서 운동부족으로 인해 스트레스를 받은 경우에 반려견이 여러 문제 행동을 보이는 것입니다.

반려견도 힘듭니다

반려견은 사람의 말을 하지는 못하지만 가족들과 소통하기를 원합니다. 그래서 보호자가 자신을 몰아세울 때 많은 스트레스를 받습니다. 반려견이 문제 행동을 보일 때 간식으로 통제하거나 교육하면, 반려견은 자신의 행동이 잘못된 것인지 칭찬받을 만한 것인지 제대로 분별하지 못합니다. 반대로 무조건 복종하라고 강요하면 엄청난 충격을 받아 과민해지고 포악해집니다. 이웃 사람이나 반려견을 마주치면 예상치 못한 행동으로 피해를 주기도 합니다.

뜻대로 안 되면 보호자에게 대들기도 합니다. 이로 인해 보호자는 스트레스는 물론 물리적 피해까지 받게 됩니다. **반려견이 스스로 옳고 그른 행동을 분별하도록 이끌어주어야 합니다.** 그렇기에 체계적인 반려견 교육이 필요합니다. 가정에서 자녀를 버릇없이 키우면 안 되는 것과 같은 이치입니다. 가정의 행복은 구성원 모두가 마음이 통할 때 완성됩니다. 반려견과도 마음이 통해야 합니다.

말티푸

상식만으로는 안 됩니다

가정에서 반려견을 키우는 적지 않은 보호자들이 반려견이 문제 행동을 보일 때, 통제 과정에서 '서열, 명령, 복종, 제압'이라는 용어와, '큰소리치기, 눈싸움하기, 힘으로 제압하거나 몰아세우기, 두 번 연속 혼내기, 밀치기, 블로킹'과 같은 방법을 사용하고 있습니다. 이는 반려견에게 긴장감, 두려움, 공포심 등으로 인한 스트레스를 주어 반려견을 과민하게 하고 포악하게 하는 원인이 되기도 합니다. 그리고 반려견은 정신적인 고통뿐만 아니라 육체적인 고통까지 받게 됩니다.

지속적으로 이러한 방법을 사용하면 보호자와 반려견의 사이가 악화되어, 결국에는 보호자가 반려견을 파양하게 되기도 합니다. 가정에서 아이가 문제 행동을 보일 때마다 부모가 이러한 방법으로 훈육하게 되면, 아이가 어떤 반응을 보일지 생각해봐야 합니다. 아이처럼 순수한 반려견도 이와 다르지 않습니다. 그렇기에 평상시에 반려견에게 트라우마를 심어줄 만한 말과 행동을 해서는 안 됩니다.

반려견마다 자라온 환경이나 그 과정에서 형성된 성격이 다릅니다. 하지만 이를 고려하지 못한 보호자들이 반려견을 감정적으로만 대하는 경우가 많습니다. 보호자 또한 반려견에 대해 제대로 공부해야 평상시나 위급상황에서나 잘 대처할 수 있습니다. 제가 30년 동안 현장에서 다양한 반려견을 만나 보니 이들을 절대로 감정적으로 대해서는 안 된다는 것을 깨달았습니다.

반려견에 대한 올바른 이해를 바탕으로 키워야 합니다. 자동차도 직진과 좌우회전만으로는 도로를 안전하게 달릴 수 없습니다. 항상 변화하는 상황 속에서 안전하게 운전하기 위해서는 교통 상황을 정확하게 파악해야 합니다. 반려견 또한 그들의 감정이나 행동방식 등 다양한 측면을 파악해야 어떤 상황에서든 제대로 통제할 수 있습니다. 상식에만 의존하시 않고 올바른 교육을 받아 보호자가 필요사항을 모두 알고 있어야 합니다.

천재가 될 수 있습니다

제 경험상 반려견들은 착하고 영리해서 그들이 수긍할 수 있는 방법으로 리드해주기만 하면 바로 변화할 준비가 되어 있습니다. 또한 반려견들은 눈치가 빠르고 여러 감각이 발달되어 있어 보호자의 행동이나 주변 환경이나 분위기에 따라 행동이 달라집니다.

그렇기 때문에 보호자는 평상시에 반려견을 자신감 있게 리드하고 함께 있으면 편안하다는 것을 느끼게 해주어야 합니다. 반려견이 좋아하는 것을 파악하여 챙겨주고, 가정 내에서 자유롭게 생활할 수 있도록 해주어야 합니다.

문제 행동을 보일 때는 반려견이 수긍할 수 있는 방법으로 통제해주어야 합니다. 교육을 잘 받아 밝은 표정을 짓고 질서가 있는 경우와 교육을 받지 않아 불쌍한 표정을 짓고 무질서하게 행동하는 경우는 반려견과 함께 생활하는 데 있어서 많은 차이를 만듭니다.

가정에서 반려견이 가족들의 눈치를 보면서 급하게 행동하고 집착 증세를 보인다면 정서불안이나 우울증을 겪고 있는 것입니다. 이들에게는 하루빨리 변화가 필요합니다.

맞춤형 교육이 필요합니다

현재 반려견과 관련하여 발생하는 문제들을 해결하기 위해서는 반려견에게 어떤 습성이 있는지, 어떤 생각을 하는지, 어떤 본능이 있는지를 배우고 이에 맞춰 대처해야 합니다. 이는 전문가의 가르침을 받으면 2시간 만에 바로잡을 수 있습니다.

소형 반려견부터 대형 반려견에 이르기까지, 어린 반려견부터 나이 든 반려견에 이르기까지 반려견 교육은 그들의 언어로 이루어져야 합니다. 제가 교육을 진행한 이후에 반려견을 포함한 모든 가족이 편안하고 즐거워졌다는 인사를 수없이 들었습니다. 반려견이 처한 환경이나 상황에 맞게 교육을 제공하면 생각보다 금방 문제가 해결됩니다.

또한 문제 행동을 보이는 반려견을 교육할 때는 반려견의 심리적 상태를 확인해야 합니다. 왜 문제 행동을 하는지, 그 원인은 무엇인지, 어떤 방법으로 교육하면 반려견이 수긍하고 달라질 수 있을지에 대해 충분히 생각해봐야 합니다. 이때 반려견이 소형견인지 중형견인지 대형견인지와 보호자와의 친밀도, 즉 반려견을 언제부터 키웠고 평상시 어떻게 대하는지 등을 바탕으로 반려견의 현재 상태를 종합적으로 파악해야 합니다. 그 상태에 가장 적합한 방법으로 교정해주어야 합니다.

그렇기 때문에 반려견이 문제 행동을 보일 때 전문가가 빨리 교정해주어야 보호자와 반려견이 모두 편안하게 생활할 수 있습니다. **이때 전문가와 보호자의 동일한 행동과 언어 전달, 적절한 타이밍의 통제, 통제 과정에서의 감정 조절이 필요합니다.**

전문가는 따로 있습니다

　제가 생각하는 반려견 행동 교정 전문가의 역할은 반려견의 문제 행동만 일방적으로 교정해주는 것이 아닙니다. 반려견 교육에 있어서 중요하게 여겨야 할 원칙이 두 가지 있습니다.

　첫째, 전문가는 문제 반려견을 키우는 보호자에게 말로 설득하고 이해시키는 것보다는 실질적으로 보호자가 실내외의 여러 상황에서 자신감을 가지고 통제할 방법을 알려주어야 합니다.

　둘째, 전문가는 가정에서 생활하는 반려견들의 문제행동인 짖음, 흥분, 분리불안, 공격 성향, 산책 문제 등 실내나 공공장소에서 보호자와 함께 생활하는 데 필요한 모든 문제를 전체적으로 교정해주어야 합니다.

　반려견의 문제 행동들은 결국 모두 연결되어 있습니다. 산책 부족이나 과잉보호 등 잘못된 교육 방법의 결과로, 다양한 형태의 문제 행동으로 나타나는 것에 불과하기 때문입니다. 전문가는 반려견이 보호자와 생활하는 데 있어서 보이는 모든 문제 행동을 교정해주어야 합니다. 짖음이나 공격성 중 어느 한 가지만 교정하게 되면, 또 다른 문제들로 인해 보호자와 반려견의 마찰이 심화되어 함께 살아가는 데 걸림돌이 됩니다.

또한 문제 반려견은 심리적으로 불안정한 상태이며, 스트레스를 많이 받아 대부분 예민하고 우울합니다. 전문가라면 본인의 생각대로 판단하는 것이 아니라 반려견의 감정, 생각, 컨디션, 건강, 환경 등을 모두 고려해서 교육을 제공해야 합니다. 또한 **교육을 진행할 때 반려견을 감정적으로 대하지 않고 평정심을 유지할 수 있어야 합니다.** 반려견의 감정을 상하게 하지 않으며 수긍할 수 있는 방법으로 교정해줄 수 있어야 전문가라고 생각합니다.

(사)한국애견협회 반려견 지도사 사범 이문기

자녀를 키우듯 해야 합니다

반려견과 진정으로 친구나 가족으로서 인생의 반려자가 되려면 이들을 대하는 방법을 제대로 알아야 합니다. 이는 반려견 교육이 자녀에 대한 교육과 정확히 일치합니다. 가정에서 부모가 자녀를 키울 때 관심과 사랑을 주지 않고서 문제가 생길 때마다 무조건 맞춰주거나 돈이나 폭력으로 해결하면 자녀는 바르게 성장하기 쉽지 않습니다. 자녀가 말을 알아들을 나이가 되면 서로 생각과 감정을 나눔으로써 교육하게 됩니다.

부모가 자녀를 키울 때 자녀에게 맞춰주고 모든 판단을 맡기지 않습니다. 하지만 반려견을 키우는 데 있어서는 보호자가 반려견에게 맞춰주고 판단을 맡기고 있는 경우가 많습니다. 이는 반려견에게 자기 멋대로 해도 된다는 인식을 주므로 문제 행동으로 이어질 가능성이 높습니다. 앞서 말씀드렸듯이 간식 훈련이나 고통을 주는 방법 또한 많은 부작용을 낳습니다. 하지만 반려견에게 말을 가르치면 이러한 방법을 사용하지 않고도 보호자의 말 한마디로 통제할 수 있습니다.

부모는 자녀를 키우는 과정에서 자녀의 심리를 잘 파악하고 있어야 자녀의 행동에 적절하게 대처할 수 있습니다. 자녀가 고집을 부릴 때는 적절한 방법으로 다독이듯이, 세 살 아이 같은 반려견을 교육할 때도 감정을 상하게 하는 방법은 지양해야 합니다. 나쁜 고집을 꺾는다며 힘으로 제압하게 되면 반려견에게 큰 트라우마를 줄 수 있습니다. 이로 인해 반려견이 보호자의 눈치를 많이 보는 행동들을 하게 됩니다.

사람에 대한 트라우마를 갖게 된 반려견들은 자신에게 다가오거나 만지려고 하면 본능적으로 공격 성향을 나타내기도 합니다. 그래서 평상시 반려견을 대할 때 자녀라고 생각하여 자녀들에게 해서는 안 되는 행동은 지양해야 합니다.

반려견 교육의 핵심은 감정의 교감과 말을 통한 소통입니다. 제가 30년간 반려견 행동교정을 하며 내린 결론입니다. 저는 반려견 교육 과정에서 고통을 주는 방법이나 간식훈련을 장려하지 않습니다. 반려견에게 **'안 돼, 옳지, 이리 와'** 이 세 가지 말을 가르쳐 보호자와 소통할 수 있도록 도와드립니다. 반려견에게 말을 가르치면 문제가 되는 행동이나 습관이 보호자의 '안 돼'라는 한마디에 바로 통제 가능합니다.

만약 반려견이 짖거나 흥분하거나 공격성을 보이면, '안 돼'라는 말을 통해 보호자가 그 행동을 싫어한다는 것을 확실히 알려주어야 합니다. 보호자의 '안 돼'라는 말은 반려견에게 일종의 경고입니다. 경고를 주었는데도 나쁜 행동이나 습관이 지속될 경우에는 반려견의 감정이 상하지 않고 수긍할 수 있는 방법으로 리드해주고 통제해주어야 합니다.

저는 실제로 방문 교육을 할 때 가정 내외에서 발생하는 반려견의 다양한 문제들을 2시간의 교육 한 번으로 해결해드리고 있습니다. 이는 단일한 문제에 주목하기보다는 전체적으로 반려견을 직접 통제할 방법을 가르쳐드리기 때문에 가능한 일입니다. 아무리 좋은 방법이라도 두 번 이상 반복하게 되면 보호자와 반려견이 모두 스트레스를 받을 수 있습니다.

저는 교육 중에 보호자 분께 반복적으로 하면 좋아질 것이라는 이야기를 하지 않습니다. 현장에서 반려견의 문제 행동들을 모두 교정해주고 있습니다. 그래서 교육이 끝난 이후에도 보호자는 어떤 상황에서도 자신감을 가지고 적절히 통제할 수 있게 됩니다.

결국 반려견에게 필요한 것은 실내외 필요한 예절교육이라고 할 수 있습니다. 아이들과 마찬가지로 반려견에게도 올바른 예절교육을 제공하여 평상시 실내외에서 타인이나 다른 개에게 피해를 주지 않도록 해야 합니다. 반려견을 보호자의 마음대로 함부로 대할 수 있도록 교육을 하는 것이 아니라, 다른 반려견이나 사람들과 더불어 살아가는 과정에서 꼭 필요한 것들을 배우는 것이 그 목적입니다.

다만 정상적인 사람은 일정한 나이가 되면 상황에 따라 적절한 행동을 할 수 있기에 타인에게 피해를 주지 않는 생활이 가능합니다. 하지만 반려견이 어떤 행동을 할 때는 동물의 오랜 습관을 본능적으로 나타내는 경우가 많이 있습니다. 아이들은 부모의 말을 알아듣고 잘못된 행동을 멈출 수 있습니다. 하지만 반려견은 말을 배우지 않았기에 보호자의 말을 알아듣지 못하는 것입니다.

많은 보호자가 반려견에게 말을 가르치지 않는 상태에서 반려견이 자신의 말을 알아듣고 문제 행동을 멈추기를 바랍니다. 때때로 반려견이 보호자의 말을 알아듣는 것처럼 보입니다. 하지만 이는 대충 보호자의 눈치를 살펴 행동하는 것입니다.

반려견이 실내외에서 문제 행동을 보여도 시간이 지나면 괜찮아질 것이라고 믿는 경우가 많습니다. 하지만 **반려견은 나쁜 습관이나 행동을 직접 교정해주지 않으면 달라지기 어렵습니다.**

강아지

아이들의 초기 교육이 중요하듯 반려견도 강아지 때의 교육이 중요합니다. 반려견을 선택한 보호자는 입양한 그날부터 반려견을 향한 사랑만큼 올바른 교육방법으로 반려견을 키워야 이들이 바르고 건강한 친구가 됩니다. 반려견들은 말을 하지 못합니다. 그렇기 때문에 말 못하는 아이를 입양했다는 생각으로 잘 돌봐줄 수 있도록 신경을 써야 합니다.

많은 보호자가 강아지 교육할 때 앉으라고 명령하며 간식을 주는데, 이러한 행위를 두 번 이상 반복하면 반려견에게 눈치와 스트레스를 줄 수 있습니다. 아이에게 특정한 행위를 명령하며 간식을 주는 부모는 없습니다.

오히려 강아지에게 말을 가르치면 보호자의 말 한마디에 바로 통제가 됩니다. 강아지 때 나쁜 습관을 교정해주고 올바른 행동을 하도록 유도해주면 반려견과 가족들 모두 스트레스 없이 행복하게 살 수 있습니다.

웰시코기(2개월)

포메라니안(3개월)

 강아지를 처음 키우는 보호자들이 강아지나 개에 대한 기본적인 사전지식이 없는 상태에서 얼마간 키우다가 여러 가지 어려움을 겪고 저에게 교육을 의뢰합니다. 저는 2~3개월 정도의 강아지에 대한 교육을 많이 진행했습니다.

 교육 과정에서 강아지를 키우는 데 필요한 전반적인 지식과 실내외에서 일어날 수 있는 여러 상황별 대체 방법, 짖음, 대소변, 무는 행동 등 일상생활에서 발생할 수 있는 문제점의 해결 방법을 알려드렸습니다. 강아지 시절에 미리 교육받으면 그 한 번의 교육으로 반려견과 함께 지내는 기간 동안 문제없이 생활할 수 있습니다.

강아지는 빨리 큽니다

※ 사람과 반려견의 나이 비교(추정 나이 산정 방법)

강아지 시절에는 성장이 빠릅니다.
강아지 **2개월**은 사람 나이로 **2살**입니다.
강아지 **3개월**은 사람 나이로 **4살**입니다.
강아지 **4개월**은 사람 나이로 **6살**입니다.
강아지 **5개월**은 사람 나이로 **8살**입니다.
강아지 **10개월**은 사람 나이로 **14살**입니다.
강아지 **1살**은 사람 나이로 **15살**입니다.
강아지 **2살**은 사람 나이로 **24살**입니다.

이후에는 강아지 1살이 늘어날 때마다 4살씩 추가하여 계산하면 됩니다. (예: 강아지 7살의 경우: 7살-2살=5살. 5살×4살=20살. (2살 기준) 24살+20살=44살. 즉, 강아지 7살은 사람 나이로 44살이 됩니다.)

사람은 신체적으로 성장하는 데 20년 정도가 걸리지만, 강아지는 사람에 비해 성장 속도가 빠릅니다. 반려견은 10개월이면 키가 다 자라서 신체적인 성장이 완성되었다고 봐도 무방합니다.

강아지는 보호자가 울타리에 가두어 키우는 경우가 많습니다. 어리기 때문에 보호해주어야 한다는 생각에 기인한 것입니다. 하지만 강아지는 성장 속도가 빠르기 때문에 생후 8~10개월이면 몸이 다 커버립니다. 생후 2개월 후부터 강아지는 한 달이 사람의 24개월에 해당될 정도로 빨리 자랍니다. 3개월 후에는 4살, 4개월에는 6살 정도 되고, 10개월이 되면 다 자라서 사람으로 치면 14살의 몸이 됩니다. 그렇기에 어릴 때 이뤄지는 산책은 조기교육의 일부로서 아주 중요합니다.

반려견의 나이에 맞게 행동할 수 있도록 해주어야 합니다. 2살 된 반려견이 있다고 가정해봅시다. 2살이면 성인 나이로 24살 정도이니 나이에 맞게 실내외에서 질서가 있고 타인이나 다른 개들에게 피해를 주지 않도록 리드해주어야 합니다.

하지만 말 못하는 반려견은 스스로 알아서 하지 못하는 3살 아이와 같습니다. 보호자가 평생 돌봐주어야 하기도 합니다. 아이나 강아지 때 교육을 제대로 시키지 않고 사회성을 길러주지 않으면, 지금 여러분이 지금 겪고 있는 것처럼 많은 문제가 발생해 서로 힘들게 생활할 수밖에 없게 됩니다.

부모가 자녀를 키우는 과정에서 아이, 사춘기, 성인일 때 자녀를 대하는 말이나 행동이 달라집니다. 마찬가지로 강아지, 사춘기, 성견일 때 반려견을 대하는 말이나 행동을 다르게 해 줄 필요가 있습니다. 사람은 나이가 들면서 사회생활에 적응함 으로써 스스로 올바른 판단을 할 수 있습니다.

하지만 반려견은 가정에서 문제 행동으로 발전될 수 있는 나쁜 습관이나 행동을 근본적으로 교정해주지 않으면, 동물적인 본능 으로 그 행동을 반복하게 됩니다. 많은 보호자가 문제 행동을 보 이는 반려견도 나이가 들면 좋아질 것이라고 생각하는데, **반려 견의 나쁜 습관이나 행동은 보호자가 올바른 방법으로 교정해 주지 않으면 반려견 스스로 달라지는 것은 어렵습니다.**

말티푸(3개월)

밖에 나가야 건강해집니다

많은 보호자는 강아지를 밖에 데리고 나가면 질병이나 추위의 위험에 노출될 수 있다고 생각합니다. 너무 바빠서 산책을 시키지 못하시는 분도 의외로 많습니다. 하지만 아이를 키우면서 밖에 데리고 나가지 않으면 건강하게 자랄 수 없을 것입니다. 2개월 된 강아지는 24개월 된 아이와 다름이 없습니다. 아이가 24개월인데 외출을 전혀 하지 않고 실내에서만 키우는 부모는 없습니다. 아이들이 걷기 시작하면 백신을 맞히고 함께 외출합니다.

마찬가지로 강아지도 걷기 시작하면 곧바로 산책을 시켜야 건강해집니다. 특히 강아지는 다리가 네 개이면서 성장속도가 빠르기 때문에 아이들보다 더 많이 걷고 움직이게 해주어야 합니다. 강아지를 키우는 보호자가 산책을 시켜주어야 강아지가 사료도 잘 먹고 잠도 잘 자서 집안에서 문제 행동을 적게 하게 됩니다. 간혹 강아지가 울타리 안에서 흥분하면서 짖고, 심지어는 밤에도 잠을 자지 않고 짖는 경우가 있습니다. 강아지의 이러한 행동도 사실은 산책과 운동 부족으로 인한 스트레스 때문에 나타나는 것입니다.

또한 충분한 산책으로 인해 사회성도 좋아져 다른 반려견들과 충돌하지 않게 됩니다. 올바른 산책 방법을 습득한 보호자는 지나가는 다른 반려견이나 사람, 자전거, 오토바이, 자동차 등에 반응하는 반려견을 상황에 맞게 통제할 수 있게 됩니다. 이로 인해 보호자와 반려견이 안전하게 산책할 수 있게 됩니다.

라브라도리트리버 (2개월)

포메라니안 (3개월)

※ 산책을 한 번도 하지 않았던 강아지가 산책 교육을 받은 후 행복해하는 모습

강아지 때는 몸이 자라면서 사회성도 같이 길러집니다. 그러나 강아지가 3~4개월이 될 때까지 밖에서 산책시키지 않고 집 안에만 두면 많은 문제점이 발생합니다. 스트레스로 인해 성격이 소심해지고 예민해져 사회성을 기르지 못하여 사람이나 주

위의 다른 반려견을 대하는 데 어려움을 겪습니다. 사회성 부족으로 자신의 가족밖에 몰라 낯선 이를 만나면 경계심을 느껴 짖거나 심하면 공격하기도 합니다.

아이들도 걷기 시작하면 움직이려는 욕구가 생기는데, 이를 제지하는 것과 마찬가지입니다. 이로 인해 쌓이는 스트레스가 반려견이 짖거나 공격적으로 변하는 원인입니다. 스트레스가 생기지 않게 하려면 강아지 때 자주 밖으로 데리고 나가서 걷고 움직이게 해주어야 합니다. 산책할 때는 깨끗한 곳에 데리고 다니며 아무거나 주워 먹지 못하게 해야 합니다. 도중에 마주치는 다른 반려견들에게 짖지 못하게 인도하면 사회성이 길러지게 됩니다. 그렇게 되면 야외뿐만 아니라 실내에서도 질서 있게 생활할 수 있습니다.

그리고 **가장 중요한 뼈가 형성되는 시기에 실내에서만 지내면 운동 부족으로 인해 앞다리가 주저앉거나 휘어져 건강에도 문제가 됩니다.** 이로 인해 두 발로 서거나 뛰는 경우에 뒷다리의 슬개골이 탈골될 위험이 있습니다. 예민한 성격은 교정될 가능성이 있지만, 한 번 휘어진 뼈는 회복이 어렵습니다.

또한 강아지 시절부터 산책을 충분히 시켜주면 자연스럽게 발톱이 닳기 때문에 굳이 잘라주지 않아도 됩니다. 하지만 산책을 지속적으로 시켜주지 않으면 발톱을 깎는 과정에서 발에 대한 트라우마가 생기게 됩니다. 그래서 반려견이 보호자가 자신의 발을 만지는 것을 싫어하고 보호자를 물려고 하는 문제가 발생하는 것입니다.

결국 반려견이 가장 좋아하는 것은 간식을 주거나 안아주는 것이 아니라 산책입니다. 반려견이 집 안에 있다가 집밖에만 나가면 표정이 밝아지는 것을 볼 수 있습니다. 앞서 말씀드렸다시피 산책하는 과정에서 반려견의 판단력과 분별력이 향상됩니다.

아이와 마찬가지로 반려견도 좋아하는 것을 먼저 해주고 난 뒤 보호자가 원하는 방향으로 리드해주어야 합니다. 그렇기에 **강아지가 좋아하는 산책을 먼저 해주고, 실내에서 문제 행동을 보일 때 올바른 방법으로 통제해주면 모든 문제가 빠르게 해결됩니다.**

많은 보호자가 강아지와 산책할 때 가슴 줄을 사용합니다. 하지만 가슴 줄로는 통제가 어려워 땅바닥에 있는 이물질을 삼켜 문제가 되는 경우가 많습니다. 또한 길에서 만나는 다른 반려견들을 향해 짖고 흥분할 때도 가슴 줄로는 통제가 어렵습니다.

강아지 시절부터 목줄을 사용해서 통제가 잘 될 때, 가슴 줄을 사용하면 됩니다. 산책하는 과정에서 주변에 사람이나 개가 없는 경우에는 줄을 길게 잡고, 위험한 상황이라고 판단되면 줄을 짧게 잡으시면 됩니다.

2개월 된 진도견

2개월 된 셰퍼드 강아지들

맨 방바닥은 위험합니다

이때 주의해야 할 점은 우리나라는 실내 바닥이 장판이나 나무, 돌로 되어 있어 매우 미끄럽습니다. 강아지들은 이런 바닥에서 두 발로 서거나 뛰어다니다가 미끄러지면 뒷다리의 슬개골이 탈골될 수 있습니다.

그렇기에 **강아지를 키우기 위해서는 가장 먼저 실내가 미끄럽지 않게 미끄럼 방지 매트나 요가 매트 등을 깔아주는 조치를 취해야 합니다.** 외국에서는 실내 바닥에 카펫이 깔려있기 때문에 관절에 문제가 생기지 않는 반면, 우리나라에서 유독 탈골이나 골절이 많이 발생하는 것은 미끄러운 실내 바닥이

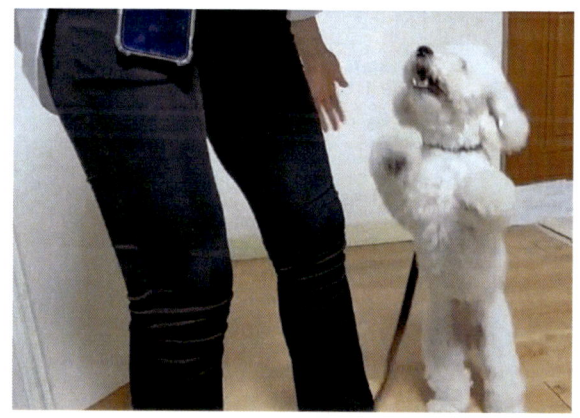

두 발로 서서 보호자에게 매달리려고 하는 비숑

그 원인입니다.

악동으로 키우지 마세요

보호자의 눈에 천사 같이 예쁜 반려견은 자라면서 자연스럽게 본능적인 행동을 하게 됩니다. 이때 보호자가 올바른 방법으로 통제해주지 않으면 악동으로 변해 보호자뿐만 아니라 이웃 주민들에게도 큰 피해를 주게 됩니다.

사고가 일어난 뒤에는 후회해도 달라지는 것이 없으니, 사전에 예방해주어야 합니다. 생후 두 달부터는 전문가로부터 강아지의 속성을 배우고 올바른 반려견이 될 수 있도록 이끌어주면 좋습니다. 그렇게 되면 즐거울 때나 힘들 때나 보호자의 진정한 친구로서 행복하게 살아갈 수 있을 것입니다.[2]

---

2) 추가적인 정보는 유튜브 '반려견 행복도우미' 5회, 19회, 20회, 22회 강아지 관련 영상을 참고하십시오.

보스턴테리어

흥분

　반려견 교육을 위해 가정을 방문했을 때, 보호자 분에게 반려견이 어떤 존재이며, 어떤 의미를 갖는지 여쭤보면 대부분 가족이라고 말씀하십니다. 가정에서 아이들이 문제 행동을 보이는 원인 중 하나가 불안한 심리라는 말을 들어보셨을 것입니다. 아이들과 마찬가지로 문제 행동을 일으키는 반려견들 또한 심리적으로 불안한 상태일 수 있습니다. 더욱이 말로 의사소통을 하지 못하기 때문에 그 문제를 해결하기는 더욱 어렵습니다.

　다견을 키우시는 보호자를 만나보면, 그동안 외출할 때나 귀가할 때 반려견들이 몹시 흥분해서 반기다가 그 흥분이 격해지면서 반려견들끼리 싸우게 되는 경우가 많다고 전해 들습니다. 실제로 이렇게 흥분에서 야기된 공격성 또는 싸움으로 인해 어려움을 겪고 있는 보호자께서 교육을 문의하신 경우도 많았습니다.

반려견의 주요 문제 행동인 짖음, 싸움, 공격 성향, 분리불안, 혹은 산책할 때 다른 사람이나 반려견, 자전거, 오토바이를 보고 짖거나 공격성을 보이는 행동들은 대부분 흥분으로부터 출발합니다. 사람이 흥분하면 이성을 잃듯이 반려견도 마찬가지입니다. 흥분한 반려견을 자세히 보면 불안정한 눈빛을 볼 수 있습니다.

하지만 우리나라에서 반려견과 함께 생활하는 보호자들이 무의식적으로 반려견의 흥분을 유도하기도 합니다. 예를 들어, 외출 후 귀가할 때 흥분해서 짖거나 매달리고 뛰어드는 반려견과 동일하게 보호자도 함께 흥분해서 과도한 애정표현을 하곤 합니다. 대부분의 보호자가 반려견과 비슷한 수준으로 흥분하여 많은 말과 행동을 합니다.

반려견이 강아지일 때는 어린아이라고 생각하고 적당한 애정표현이 필요할 수는 있습니다. 하지만 강아지가 1세 이상이면 사람으로서는 15세 정도이기 때문에, 과도한 흥분은 나이에 맞게 조절시켜줄 필요가 있습니다. 보호자를 교육하는 과정에서 이 부분을 설명하면 서로 반기고 반겨주는 상황에 익숙한 많은 보호자가 아쉬움을 나타냅니다. 그러한 재미를 누리기 위해 반려견을 키우는 것이 아니냐며 반문하는 보호자도 있었습니다.

이에 저는 아이를 키울 때 재미로 키우지 않듯이, 가족의 일원인 반려견을 키우는 과정에서도 동일하게 재미를 생각하면 안 된다고 강조하곤 합니다. 또한 교육 과정에서 앞으로는 반려견의 흥분을 유도하거나 방치하면 안 된다고 말씀드리고 상황별로 이해시켜드립니다.

반려견이 평상시 두 발로 서고 뛰고 매달리면 슬개골 탈구와 허리 디스크의 원인의 되니 두 발로 서지 않게 통제해주어야 합니다. 반려견이 보호자의 무릎에 두 발로 서 있으면 '안 돼' 하면서 손을 위에서 아래로 내리며 반려견의 앞발을 내려주면 됩니다.

보호자가 귀가하자 격하게 흥분하여
두 발로 서서 매달리는 몰티즈와 푸들

※ 바닥이 미끄러운 장판, 나무, 돌 위에서 보호자에게 두 발로 매달리면 슬개골 탈골의 원인이 되므로, 두 발로 서지 못하도록 도와주셔야 합니다.

주의가 필요한 흥분을 유도하는 행동

- **외출할 때**: 옷을 입으면서 '엄마 갔다 올게', '집 잘 지키고 있어' 등 반려견이 앞으로 혼자 있게 될 상황을 알려주는 말을 하며 흥분 유도

- **귀가할 때**: 문을 열자마자 반려견을 찾거나 이름을 부르면서 흥분 유도
- **산책할 때**: '산책 가자', '나가자' 등 말을 하며 흥분 유도
- **사료 줄 때**: '맘마 먹자'라고 말을 하며 흥분 유도
- **외부인(지인 및 가족)이 방문할 때**: 이름을 부르거나 아는 척하면서 흥분 유도
- **놀아줄 때**: 터그 놀이를 과하게 하면서 또는 반려견을 장난감처럼 대하면서 흥분 유도

적지 않은 반려견이 흥분하면 큰소리로 짖게 됩니다. 짖음으로써 주변에 피해를 줄 수도 있고, 가정에서 다른 여러 문제 행동을 일으킬 수도 있습니다. 그렇기 때문에 가정에서 보호자가 반려견의 흥분을 유도하는 행동은 자제해야 합니다.

흥분한 반려견을 진정시키는 가장 빠른 방법은 바로 산책입니다. 산책을 하면 반려견은 스트레스가 해소되고 안정감을 찾아 질서 있게 생활하게 됩니다. 흥분하였거나 흥분의 전조 증상을 보이는 반려견을 당장 산책시키기 어려운 경우에는, 보호자가 바로 통제해줄 수만 있다면 반려견의 문제 행동을 사전에 방지할 수 있습니다.

반려견에게 '안 돼'라는 말을 가르쳐서, 반려견이 흥분할 수 있는 여러 상황에서 반려견의 이름을 부르면서 '흥분하면 안 돼'라고 말해줍니다. 그 말을 알아들은 반려견은 쉽게 통제되어 흥분을 멈추게 됩니다. 이렇게 말을 가르치면 보호자가 굳이 불필요한 말이나 행동을 하거나 무관심한 척하지 않고도 반려견과 소통할 수 있게 됩니다.

만약 반려견이 흥분한 상태에서는 부르거나 만지거나 쳐다보지 말아야 합니다. 반려견이 차분해진 상태에서 보호자가 다가가거나 반려견이 스스로 보호자에게 다가올 때 만져주는 것이 좋습니다. 또한 상대방을 만지려고 할 때 손이 얼굴로 가면 부담스러워하듯이, 반려견도 머리나 얼굴로 손이 오면 손을 피하거나 눈을 깜빡거리고, 간혹 예민한 반려견은 손을 물기도 합니다. 빗질하거나 목욕할 때 이외에는 **반려견을 만질 때 반려견의 눈높이에 맞춰주어야 합니다. 앉아서 가슴, 목, 배, 그리고 등을 쓰다듬어주는 것이 반려견에게 안정감을 줄 수 있습니다.**[3]

---

3) 추가적인 정보는 유튜브 '반려견 행복도우미' 12회, 18회, 21회의 흥분 관련 영상을 참고하십시오.

짖음

반려견의 짖음 문제는 많은 보호자에게 가장 해결하고 싶은 과제가 되었습니다. 통제 불가능한 짖음 문제로 인해 이웃 간의 마찰이 심화되는 것이 현실입니다. 반려견 친화적인 나라에서는 이웃에게 피해를 주지 않기 위해 반려견 교육을 받는 것이 일반화되어 있습니다. 반면 우리나라에서는 반려견 교육의 필요성을 느끼지 못해 반려견의 짖음으로 인해 주변에 피해를 주는 일이 빈번하게 발생합니다.

외부인 방문 시 심하게 짖는 몰티즈

반려견이 집 안에서 외부인 방문 시 들리는 벨소리에 한 번은 짖을 수 있습니다. 하지만 두세 번 반복해서 짖는 것은 단지 집을 지키려는 의도라고 보기 어렵습니다. 이는 심한 경계심 및 예민함에서 비롯된 습관이라고 보고, 교정해주어야 합니다. 보호자가 반려견이 짖기 시작할 때, 이를 초반에 교정해주었으면 습관화로 이어지지 않았을 수도 있습니다. 하지만 이를 오래 방치하게 되어 상황이 악화된 경우도 많습니다.

반려견이 집 안에서 짖는 상황은 보호자의 외출이나 귀가 시의 문소리, 외부인 방문 시의 벨소리, 노크 소리, 집 밖에서 들려오는 택배 도착 소리, 지나가는 사람들의 소리 등 가정 내외부의 소리에 반응하거나, 산책을 나갈 때 등 다양합니다. 반려견이 집 밖에서 짖는 상황은 현관문 앞, 엘리베이터 안 등 집 밖에서 마주치는 다른 반려견이나 사람들, 자전거나 오토바이, 자동차 등 움직이는 물체나 새 등을 보았을 때입니다. 이외에도 보호자의 자동차 안, 산책길, 인도, 일반 카페, 반려견 카페, 호텔, 운동장, 시장, 공원등 반려견이 출입 가능한 모든 공공장소에서 반려견의 짖음 문제가 발생하고 있습니다.

저는 오랜 시간 다양한 상황에서 반려견의 짖음 문제를 마주하고, 각각의 상황에서 짖음의 원인과 문제점을 찾아 해결해왔습니다. 제가 현장에서 반려견을 교정해주는 것뿐만 아니라 보호자가 그 자리에서 저를 따라 실습하도록 하여 보호자가 직접 반려견의 짖는 행동을 통제할 수 있도록 도와드렸습니다.

사회성이 부족하여 사람에게 심하게 짖었던 푸들. 2시간 교육 후 사람이 많은 버스터미널에서 짖음 문제가 교정된 모습

심하게 짖어 공공장소에 올 수 없었던 비숑. 2시간 교육 후 보호자와 지하철 역 광장까지 산책 중인 모습

반려견이 사람이나 사물을 보고 짖는 이유를 생각해봐야 합니다. 사회성 부족, 동물적인 본능, 선천적으로 예민한 성격, 불안감, 두려움, 경계심, 흥분 등으로 인해 짖게 됩니다. 강아지 시절에 사람이나 사물을 향해 짖을 때, 보호자가 제대로 통제하지 못하여 그 짖음의 강도가 심해진 경우도 많습니다.

많은 보호자가 위와 같은 상황에서 반려견의 짖음을 간식으로 해결하려고 합니다. 하지만 이러한 방식은 간식이 없는 상황에서는 반려견의 통제를 어렵게 만듭니다. 간혹 성격이 예민한 반려견들은 간식을 먹지 않는 경우도 있습니다. 이런 인위적인 방법은 일시적으로 행동을 멈추게 하는 것일 뿐 근본적으로 바로 해결되지 않습니다. 가정에 손님이 방문할 때 아이가 떠든다고 앉으라고 명령하며 간식을 주는 부모는 없습니다.

반려견에게 손님이 와서 짖는다고 켄넬에 가두거나 앉으라고 명령하며 간식을 주는 것도 마찬가지입니다. **반려견이 집안에서 짖는다고 켄넬에 가두는 것은 감금이므로, 반려견의 자유를 빼앗는 잘못된 교육 방법이라고 생각합니다.** 반려견이 어쩔 수 없이 켄넬에 감금되어있을 때의 반려견의 답답한 기분을 생각해보셨으면 좋겠습니다. 켄넬은 비행기나 자동차로 멀리 이동할 때, 쉬거나 잠을 잘 때 사용하는 것이기에, 본래의 용도 외로는 가급적 사용하지 말아야 합니다.

손님뿐만 아니라 보호자가 출입할 때도 반려견이 흥분하여 짖는 문제가 종종 발생합니다. 이때 반려견이 두발로 서서 매달릴 때 흥분을 유도해서도 안 되고 흥분을 방치해서도 안 됩니다. 게다가 흥분하는 것은 짖음뿐만 아니라 공격성의 원인이 되므로 교정해주어야 합니다.

교육 받기 전에는 짖음이 심하여 다른 반려견들과 어울리지 못하던 반려견이 교육 후 편안하게 지내는 모습

반려견의 심한 짖음으로 인해 사람이 없는 밤이나 새벽에 산책을 시키는 보호자들이 많습니다. 집 안이나 밖에서의 짖음 문제로 교육을 문의했던 보호자들은 모두 반려견이 '안 돼'라는 말을 배움으로써, 2시간 만에 몇 년간 고민했던 짖음 문제가 해결되었습니다.

앞서 언급하였던 강제적이고 인위적인 방법보다도 반려견에게 말을 가르치면, 켄넬에 가두거나 앉으라고 명령하며 간식을 주지 않아도 보호자의 '안 돼'라는 말 한마디에 바로 통제가 됩니다. 반려견이 짖거나 짖을 기미가 보이는 상황에서 보호자 '안 돼'라는 말을 하면, 반려견이 그 말을 이해하고 짖지 않게 됩니다.

특히 다견을 키우는 가정에서의 짖음 문제는 심각합니다. 여러 차례 다견 가정을 방문하여 교육을 진행하면서 많은 보호자가 해결하지 못하던 짖음 문제를 현장에서 바로 교정해주었습니다. 이때 선택한 교육 방식은 외부 사람들과 가족들의 출입에 격하게 짖으며 반응하던 반려견에게 말을 가르치면서 실제 일어날 수 있는 상황을 재현하는 것이었습니다.

보호자 또는 외부인을 교육에 참여시켜 반려견으로 하여금 평상시와 동일한 상황에서 교육을 받을 수 있도록 하였습니다. 익숙한 상황에서 나타나는 반려견의 문제 행동을 현장에서 직접 파악하여 교정하고, 보호자가 평상시 짖는 상황에서 반려견을 통제할 수 있도록 해주었습니다.

사회성 부족으로 짖음이 심해 반려견 운동장에 가지 못하던 반려견이
교육 과정에 반려견 운동장에서 다른 반려견들과 어울리는 모습

그 과정에서 반려견 교육과 더불어 보호자 교육도 병행함으로써 훈련사가 없는 상황에서도 보호자가 충분히 반려견을 통제할 수 있도록 도와줍니다. **결국 반려견이 자주 많이 짖는 것은 사회성 부족으로 인해 생긴 나쁜 습관입니다. 이때 간식으로 해결하려 하지 말고 어린아이를 가르치듯 사랑하는 마음으로 반려견의 행동을 교정해주어야 합니다.**

많은 보호자가 반려견의 심한 짖음 문제 때문에, 의도치 않게 이웃에게 피해를 주기도 하고 가족 간 불화를 겪기도 합니다. 그동안 간식을 주거나 켄넬에 가두는 인위적인 방법으로는 노력해도 해결되지 않던 짖음 문제가 저와의 교육으로 현장에서 바로 교정되는 모습을 보고 신기해합니다. 교육 전에는 반려견이나 보호자의 표정이 경직되어 있었는데, 교육 후에는 모두 여유를 갖고 말로 소통하게 되었습니다.

보호자는 저와의 교육을 통해 반려견이 짖는 다양한 상황에서 상황별로 어떻게 반려견을 대하고 통제해야 하는지를 깨닫게 됩니다. 특정 상황에서의 짖음 문제뿐만 아니라 여러 상황에서의 짖음 문제를 해결해드리기 때문에, 보호자의 만족도가 높습니다. 일반적인 간식 훈련과는 다르게 간식의 유무와 상관없이 짖음 문제를 교정할 수 있게 됩니다.

진정한 전문가라면 반려견의 짖음 문제와 관련하여 집 안이나 밖에서의 여러 상황에 석용할 수 있는 통제 방법을 알려주어야 합니다. '반려견'이라는 용어가 가지는 의미처럼, 반려견은 보호자와 어디든지 동행할 수 있어야 하고 함께 시간을 나누는 데 어려움이 없어야 합니다.[4]

---

4) 추가적인 정보는 유튜브 '반려견 행복도우미' 4회, 15회, 17회, 18회, 23회의 짖음 관련 영상을 참고하십시오.

공격성향

반려견을 교육해온 30년 동안 공격성이 강하기로 유명한 사자개, 로트와일러, 코카시안 오브차카 등 중·대형견을 여러 차례 교육한 경험이 있습니다. 70kg이 넘는 대형견 코카시안 오브차카가 실내외에서 외부인에 대한 강한 공격성을 보여 집에 외부인 방문 시나 산책 시 어려움이 있다는 연락을 받고 방문 교육을 진행한 적이 떠오릅니다.

당연히 저에게도 강한 공격성을 보였기에 제가 직접 진행하는 것보다는 이미 신뢰 관계가 형성되어 있는 보호자가 저의 지도하에 반려견 교육을 진행해야겠다고 판단을 내렸습니다. 교육 과정에서 보호자는 반려견을 통제하는 방법을 습득하였고 이로 인해 반려견의 공격성과 다양한 문제를 해결할 수 있었습니다.

그 과정에서 이들을 힘으로 제압하거나 몰아세워 트라우마를 주는 방식이 아닌 언어로 소통하는 방식으로 교육해왔습니다. 저는 반려견에게 말을 가르치는 교육은 물론 보호자분이 공격성 있는 반려견을 자신감 있게 통제할 수 있는 방법을 알려드렸습니다. 저의 교육 방법은 보호자와 반려견 간의 믿음과 신뢰를 바탕으로 반려견의 감정이 상하지 않도록 함을 원칙으로 합니다. 제가 교정한 공격성 강한 반려견들이 현재까지도 보호자와 함께 행복하게 생활하고 있다는 사실을 통해 제 교육 방법이 효과적임을 알 수 있습니다.

반려견에게 먼저 말을 가르치면 공격성을 보일 때 보호자의 '안 돼'라는 한마디에 바로 통제가 됩니다. 경고를 주었는데도 계속해서 공격성을 보일 때는 반려견의 감정이 상하지 않게 하면서 바로 봉제를 해주면 됩니다. 보호자가 공격성을 통제할 때 자신 없는 모습을 보이면, 반려견도 이를 알아채고 만만하게 보며 공격성을 감추지 않습니다.

그렇다고 해서 고통을 주는 방법을 사용하면 반려견의 감정이 상하게 되고 오히려 공격성을 더 유발하거나 반려견이 엇나갈 수 있습니다. 그렇기에 보호자는 공격성 있는 반려견의 감정이 상하지 않게 하면서도 자신감 있게 리드해야 합니다. 공격 성향이 강한 개라도 잘 가르치면 좋은 반려견이 될 수 있습니다.

또한 자신을 방어하기 위해 공격성을 보이는 경우도 있습니다. 보호자가 큰 소리로 이야기하기, 눈 쏘아보기, 힘으로 제압하기, 물건으로 겁주기, 밀치기, 압박하기, 목줄로 들어 올리기 등의 고통을 주는 방법을 사용하게 되면 반려견은 위협을 느끼게 됩니다. 그래서 궁지에 몰린 자신을 보호하기 위해 공격성을 보이게 됩니다. 그렇기 때문에 보호자는 위협을 주는 방법으로 반려견을 다루어서는 안 됩니다.

또한 낯선 개나 낯선 사람을 만났을 때도 이러한 방어적 공격성을 보이기도 합니다. 이때는 반려견의 사회성 부족이 그 원인일 가능성이 높습니다. 처음에는 익숙한 상황에서 시작하여 점차 다양한 상황 속에 적응시킴으로써 새로운 상황도 반려견에 위협적이지 않다는 사실을 인지시켜주어야 합니다.

공격 성향을 가진 반려견들은 어린 강아지 때 교정해주는 것이 가장 효과가 좋습니다. 반려견이 1~2살이 되면 성격이 굳어지고 체격이 커져서 교정에 어려움이 많아집니다. 이때 공격 성향이 있는 반려견들에게 힘으로 제압하거나 긴장감이나 두려움, 공포심 등 부정적인 감정을 유발하는 행동은 지양해야 합니다. 공격성을 보이는 반려견에게 간식으로 달래는 것은 행동을 잠깐 멈추게 할 뿐 근본적으로 바로 해결되지 않습니다.

아이 또한 부모가 힘으로 제압하거나 공포심을 주면서 키우게 되면 그 아이는 반항심이 강해져 문제아로 성장할 가능성이 높습니다. 특히 **중·대형견일수록 사회성이 형성되는 어린 시기에 올바른 교육을 받아서 바르게 성장할 수 있도록 도와주어**

외부인 방문 시 공격성을 보이는 웰시코기

산책 시 공격성을 나타내는 웰시코기와 보스턴테리어

야 합니다.

반려견이 사람에게 저항하고 공격성을 나타내는 이유는 반려견을 감정적으로 대하기 때문입니다. 보호자가 교육 과정에서 반려견에게 큰 소리를 치며 물건으로 겁을 주거나 압박 또는 몰아세우기를 하는 등 자신의 감정을 불필요하게 표출하는 것이 원인이 됩니다.

이로 인해 극한의 상황으로 몰린 반려견은 두려움과 공포심에 질린 눈빛을 보이거나 생존 본능으로 공격적인 행동을 보이게 됩니다. 반려견에게 고통과 스트레스를 주면 두려움과 공포심으로 인해 불안해하는 반려견의 눈빛을 보게 됩니다. 반려견의 입장에서 반려견이 보호자나 타인을 공격하게 되는 이유가 무엇인지 생각해봐야 합니다.

지금까지 입질을 하거나 공격성이 강한 다양한 견종을 교육하였습니다. 하지만 **교육 과정에서 반려견이 저에게 저항하거나 저를 무는 경우는 거의 없었습니다. 이는 교육 과정 중에 반려견에게 큰소리치기, 눈싸움하기, 목줄 잡아채기, 목줄로 들어 올리기, 두세 번 연속으로 압박하거나 몰아세우기 등 고통을 주는 방법을 사용하지 않았기 때문입니다.**

공격 성향을 지닌 반려견이 교육을 통해 변화하는 것은 그들의 감정을 상하게 하지 않고, 그들이 수긍할 수 있는 방법으로 교육하기 때문이라고 생각합니다.

보호자가 반려견에게 고통과 스트레스를 주는 행동을 할 때 두려움과 공포심으로 인해 떨리고 있는 반려견의 눈빛을 본 적이 있을 것입니다.

반려견을 아이와 함께 키우는 가정

아이를 키우는 가정에서는 반려견이 아이를 물어서 문제가 되는 상황이 빈번하게 발생합니다. 강아지 시절에 반려견이 가족을 심하게 무는 경우는 없습니다. 반려견이 자라면서 공격 성향이 심화되는 원인은 보호자의 잘못된 교육 방법으로 인한 누적된 스트레스입니다. 부정적인 감정이 가족을 무는 문제 행동으로 이어지는 것입니다. 보호자가 이러한 행동을 보이는 반려견을 무조건 야단치는데, 가정에서 키우는 반려견이 아무런 이유 없이 상대를 공격하는 경우는 거의 없습니다.

보호자는 목격하지 못하였지만, 아이가 무의식적으로 하는 행동이 반려견에게는 공격 성향을 표출하게 되는 계기가 될 수 있습니다. 예를 들어, 반려견에게 장난감을 던지거나 반려견의 털을 잡아당기는 등 함께 놀고 싶어서 하는 행동들이 반려견에게는 고통과 스트레스를 주게 됩니다. 또한 두려움과 공포심을 주어 반려견이 자기방어의 수단으로 짖거나 아이를 물게 됩니다.

하지만 전후 상황을 모두 목격하지 못한 보호자는 반려견이 아이에게 표출한 공격적인 행동만을 보고 반려견만 야단칩니다. 보호자는 사전에 아이가 반려견에게 공포심을 유발하는 행동을 삼가도록 지도해주어야 합니다. 그리고 아이와 반려견을 동일한 가족의 일원으로서 대하고, 아이와 반려견 사이에서 잘못의 유무를 정확히 파악하여 지도해주어야 합니다. 가능하다면 아이와 반려견 둘만 두지 않고 보호자가 함께 시간을 보내는 것이 좋습니다.

공격성향의 다양한 유형

◎ **자발적인 공격성**: 사회성 부족으로 인해 불특정 다수나 움직이는 물체에 자발적으로 나타내는 공격성

◎ **방어적인 공격성**: 외부 자극이나 위협을 느낄 때 자신을 보호하고자 나타내는 공격성

◎ **두려움으로 인한 공격성**: 사회성 부족으로 인해 낯선 개나 외부인을 보고 두려움을 느껴 나타내는 공격성

◎ **소유욕으로 인한 공격성**: 특정 물건에 대한 소유욕을 가진 경우 그 물건을 치우거나 만질 때 나타내는 공격성

◎ **통증으로 인한 공격성**: 발톱을 깎다가 상처나 통증이 유발된 경우 특정 부위에 예민하게 반응하며 나타내는 공격성

공격 성향으로 인한 무는 행동

강아지가 이갈이를 하는 시기인 4개월과 8개월 사이에 이가 간지러워서 무의식적으로 무는 경우와 이갈이 이후에 성장 과정에서 공격성과 자기방어 등의 여러 이유로 가족이나 외부인을 무는 경우로 나누어집니다.

※ 반려견이 보호자를 무는 상황

- 이갈이를 할 때 보호자의 손이나 발을 무는 경우
- 반려견이 흥분하여 무는 경우
- 외부인 방문 시 날려들어서 무는 경우
- 보호자가 반려견과 함께 자다가 반려견을 잠결에 건드려서, 잠들어있던 반려견이 놀라서 무는 경우
- 싸우는 반려견들을 제지하다가 물리는 경우
- 산책 시 다른 반려견이나 사람들에게 나타내는 공격성향을 제지하다가 물리는 경우
- 목욕이나 빗질을 하거나 발톱을 깎다가 물리는 경우
- 반려견이 주워 먹은 이물질을 빼주다가 물리는 경우
- 반려견이 집착하는 물건을 치워주다가 물리는 경우

- 반려견에게 간식을 주고 만지다가 물리는 경우
- 반려견에게 고통을 주는 방법들로 교육을 진행하다가 물리는 경우

막상 보호자가 반려견에게 물린 상황에서는 모두 당황해서 물린 사람을 치료하느라 정신이 없어서, 반려견을 혼낼 수 있는 여유가 주어지지 않습니다. 자신의 가족을 물어버린 반려견도 당황하기는 마찬가지입니다. 그래서 가족들의 분위기를 눈치채고 안절부절 못하거나 주눅 든 표정을 짓기도 합니다.

상황적인 조치가 모두 끝난 후에, 보호자는 반려견을 감정적으로 야단칩니다. 그래도 화가 풀리지 않으면 반복적으로 혼을 내고 겁을 주어, 반려견에게 고통을 주면서 학대하는 경우가 있습니다. 혼을 내는 시기와 횟수는 아주 중요합니다. 이처럼 시간이 어느 정도 지나 상황이 다 정리된 뒤에 혼을 내면, 반려견은 자신이 왜 혼이 나는지 이해를 할 수 없습니다.

시간이 한참 지났거나 반려견이 보호자의 눈치를 보고 반성하는 표정을 지었음에도 불구하고, 보호자가 공포심이나 두려움을 조성하는 방법으로 반려견을 혼내는 경우가 많습니다. 심지어는 힘이 센 보호자가 목줄을 한 채로 끌고 다니고 들어 올

리면서 고통을 주는 행동을 하기도 합니다. 이러한 방식은 반려견에게 엄청난 트라우마를 주는 학대와 다름없기에 이후에 많은 문제를 일으키게 됩니다.

이런 경우에는 방금 펼쳐졌던 상황과 비슷한 상황을 재현해야 합니다. 그 상황 속에서 한두 번만 혼을 내어, 보호자가 가족을 무는 행동을 싫어한다는 사실을 인지시켜주는 것이 중요합니다.

칭찬은 고래도 춤추게 한다는 말이 있듯이, 반려견이 칭찬받을 만한 행동을 한 경우에는 칭찬을 여러 번 해주어도 괜찮습니다. 하지만 반려견이 문제 행동을 보일 때는 혼내기를 한두 번 이상 하면 안 됩니다.

공격성이 강한 반려견들은 보호자가 직접 교육하면 많은 부작용이 발생할 수 있으니, 전문가에게 도움을 요청하시기 바랍니다.[5]

---

5) 추가적인 정보는 유튜브 '반려견 행복도우미' 4회, 6회, 13회의 공격성 관련 영상을 참고하십시오.

분리불안

보호자가 외출하고 집에 없을 때 반려견이 하울링하거나 짖는 것은 문제 행동이니 교정해주어야 합니다. 이러한 행동은 반려견에게 분리불안이 있음을 알려주는 표시입니다. 분리불안의 원인은 환경의 변화, 평상시 보호자의 과잉보호, 스트레스입니다. 많은 분이 분리불안 교육 과정에서 간식을 주거나 나갔다 들어오는 것을 반복하는데, 이러한 방식은 보호자와 반려견이 계속 반복해야 하므로 힘이 들고 시간도 많이 소요됩니다. 이런 방법을 사용하면 분리불안 행동이 일시적으로 교정된 것으로 보일 수 있으나, 근본적으로 해결된 것으로 보기는 어렵습니다.

또한 반려견의 분리불안을 해결하기 위해서는 먼저 보호자가 외출하기 전에 충분히 산책을 시켜주어 스트레스를 풀어주고 기분을 좋게 해주어야 합니다. **가정에서 반려견을 지나치게 보호하지 않고 혼자서 잘 지낼 수 있도록 편안한 분위기를 만들어주는 게 중요합니다.**

보호자 부재 시 분리불안 증세를 보이는 푸들

보호자 부재 시 분리불안 증세를 보이는 비숑

평상시 반려견과 함께 잠을 자거나 자주 안아주는 것은 분리불안의 원인이 되니 자제해야 합니다. 가정에서 심리적으로 불안한 아이에게 간식을 숨겨 찾아 먹게 하거나 혼자 두고 나갔다 들어오는 방법을 반복하면서 혼자 있는 시간을 적응시키는 부모는 없습니다. 그러나 반려견에게는 이런 방법을 사용하여 분리불안을 해결하려고 하니 문제가 지속되는 것입니다.

반려견에게 말을 가르치고 바르게 리드해주면 간식을 주거나 반복적으로 나갔다 들어오는 방법을 사용하지 않아도 보호자의 '안 돼'라는 말 한마디에 바로 분리불안 행동을 멈추게 됩니다. 반려견이 하울링하거나 짖으면 보호자가 싫어한다는 사실을 확실하게 알려주어야 합니다. 그리고 **평상시 적절한 신뢰와 사랑을 주면서 반려견에게 독립심을 심어주어야 합니다.**[6]

---

6) 추가적인 정보는 유튜브 '반려견 행복도우미' 11회, 16회, 21회의 분리불안 관련 영상을 참고하십시오.

가정 안에서의 다양한 문제

청소기

청소기에 심하게 반응하는 포메라니안

예민한 반려견들은 청소기처럼 움직이는 물체나 큰 소리에 민감하게 반응합니다. 그래서 청소기 소리에 짖고 흥분하는 것인데, 이는 문제 행동이니 교정해주어야 합니다. 반려견을 안거나 가두고 반려견에게 간식을 주면서 문제 행동을 교정하는 경우가 있는데, 이러한 방법은 문제 행동을 잠깐 멈추게 할 뿐 근본적으로 바로 해결되기는 어렵습니다.

반려견에게 말을 가르치면 이러한 방법을 사용하지 않아도 '안 돼'라는 말 한마디면 충분합니다. 반려견 스스로 보호자의 말을 인식하고 판단해서 짖거나 흥분하지 않게 됩니다. 반려견에게 '안 돼'라는 말은 본인이 짖으면 보호자가 싫어한다는 사실을 의미하기 때문에 반려견이 더 이상 짖지 않는 것입니다. 반려견이 수긍할 수 있는 방법으로 통제를 해주면 청소기처럼 움직이는 물체나 큰 소리에도 차분함을 유지할 수 있습니다.[7]

청소기에 심하게 반응하는 강아지 비숑

---

[7] 추가적인 정보는 유튜브 '반려견 행복도우미' 8회, 22회의 청소기 관련 영상을 참고하십시오.

빗질

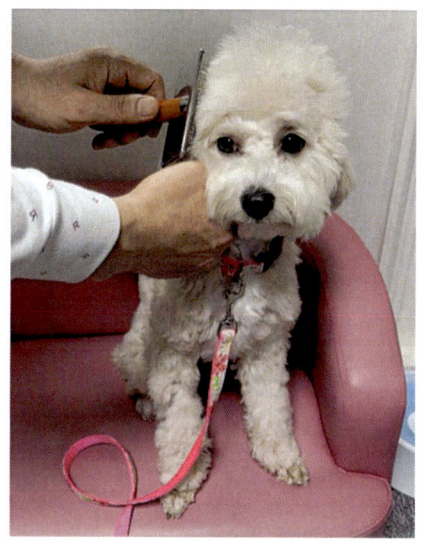

'안 돼'라는 말을 배운 후 빗질 교육 중인 말티푸

반려견이 빗질할 때 보호자에게 입질하거나 으르렁거리는 것은 하기 싫다는 경고입니다. 이는 다른 사람들을 다치게 할 수 있는 위험한 문제 행동입니다. 하지만 **빗질하는 과정에서 반려견을 간식으로 달래는 것은 그 행동을 일시적으로 멈추게 할 뿐입니다. 반대로 힘으로 제압하면 반려견의 감정을 상하게 해서 트라우마를 줄 수 있습니다.**

우선 빗질하기 전에 산책을 시켜주어 스트레스를 풀어주고 기분을 좋게 해주어야 합니다. 그리고 반려견에게 말을 가르쳐서 '안 돼', '옳지'라는 말을 확실하게 인지시켜줍니다. 그러면서 반려견이 입질을 하려고 할 때 '안 돼'라는 말을 통해 바로 통제해 주어야 합니다.

이렇게 보호자가 반려견이 수긍할 수 있는 방법으로 확실하게 통제하면 편하게 빗질할 수 있게 됩니다. 빗질하는 보호자가 편하게 대하면 빗질 받는 반려견도 이를 잘 받아들이게 됩니다. 이로써 앞으로는 빗질이 스트레스가 아닌 즐거운 시간이 될 수 있습니다. 또한 **민감하거나 입질이 있어 빗질하기 어려운 반려견의 경우, 산책을 하면서 야외에서 빗질을 해주면 집 안에서의 태도와 달리 입질을 하는 행동을 보이지 않고 수긍하기도 합니다.**[8]

---

[8] 추가적인 정보는 유튜브 '반려견 행복도우미' 5회, 8회, 22회의 빗질 관련 영상을 참고하십시오.

목욕 및 닦아주기

일반적으로 반려견을 보름이나 한 달에 한 번씩 목욕을 시켜줍니다. 제가 알려드리는 방법으로 일주일이나 열흘 간격으로 닦아주면 두세 달에 한 번만 목욕을 시켜주어도 됩니다.

대야에 따뜻한 물을 절반 정도만 받아서 소량의 사람용 린스나 애완용 린스를 풀어 넣어줍니다. 그 안에 강아지 수건을 넣고 저어서 린스를 풀어둔 물이 수건에 스며들게 합니다. 물기를 짠 수건을 이용하여 얼굴과 몸을 두 번 정도 닦아주고, 마른 수건으로 마무리합니다. 필요시에 빗질이나 드라이까지 해주면 됩니다. 이러한 방법은 반려견의 털도 매끄럽고 향기롭게 만들어 주고, 닦는 과정에서 마사지 효과도 볼 수 있습니다.

대소변

강아지를 키우는 데 있어서 가장 필요로 하고 가장 빨리 해결하고자 하는 과제가 대소변 문제입니다. 강아지 시절에는 소변을 자주 보게 되기 때문입니다. 반려견을 키우는 많은 분이 대소변을 가리도록 가르치는 과정에서 패드에 데려가서 말을 많이 하거나 손으로 두드립니다. 하지만 반려견은 이러한 상황을 오히려 혼나는 것으로 인식하여 패드를 피해 다른 곳에 대소변을 보는 경우가 많습니다.

대소변 문제를 빨리 해결하기 위해서는 처음에는 강아지 주변에 깨끗한 패드를 많이 깔아주어야 합니다. 대소변을 잘 가리게 되면 패드의 장수를 줄여나가면 됩니다. 그리고 대부분의 강아지가 이미 더러워진 패드보다는 깨끗한 패드를 선호하니, 스스로 대소변을 잘 가릴 때까지는 한 번 더러워진 패드는 바로 치우고 새것으로 교체해주는 것이 좋습니다. 강아지가 특정 장소의 패드를 선호하는 경우에는 그 주위에 패드를 여러 장 깔아주면 됩니다.

또한 제 경험으로는 반려견에게 '안 돼', '옳지'라는 말을 가르

침으로써 대소변 문제를 빨리 해결할 수 있습니다. 예를 들어 반려견이 대소변을 패드에 잘 가리는 경우에는 반려견을 안고 냄새를 맡게 하면서 '옳지'라고 말해줍니다. 그리고 패드가 아닌 다른 장소에 실수하는 경우에는 그 장소로 반려견을 안고 가서 냄새를 맡게 하면서 '안 돼'라고 말해줍니다. **말을 배운 강아지는 보호자의 말을 알아들어 '옳지'라고 말하는 곳에만 대소변을 가리게 되고, '안 돼'라고 말하는 곳에서는 실수하지 않게 됩니다.** 그렇기 때문에 말을 통해 보호자의 태도를 확실하게 구분해줄 필요가 있습니다.

대소변 교육을 받은 3개월 포메라니안

제가 '안 돼', '옳지'라는 말을 가르치는 교육을 한 뒤에 보호자께 안부를 물을 겸 연락을 드리면 반려견이 언어를 인지함으로써 패드 이외의 장소에서 실수를 하는 경우가 확연하게 줄었다고 말씀하십니다.

제가 반려견의 문제 행동을 다루는 데 있어서 강조하는 부분 중 하나가 바로 산책입니다. 산책을 나가야 신체가 건강해지고 사회성도 발달할 뿐만 아니라 판단력도 향상됩니다. 1살 이상 반려견의 경우에는 하루에 2~3번만 산책을 나가면 실외에서 대소변을 보게 되고, 이것이 습관화되면 실내에서 대소변을 실수하는 경우가 급격하게 줄어듭니다.

반려견에게 말을 가르치면 반려견 또한 스스로 판단하여, '안 돼'라는 말을 인지하여 하려던 행동이나 하던 행동을 하지 않게 되고 '옳지'는 칭찬으로 받아들이게 됩니다.[9]

---

9) 추가적인 정보는 유튜브 '반려견 행복도우미' 19회, 20회의 대소변 관련 영상을 참고하십시오.

놀이

실내에서 반려견과 함께 공놀이나 터그놀이를 하게 되면 반려견이 흥분하거나 공격 성향을 나타낼 수 있으니 주의해야 합니다. 또한 보호자에게 계속해서 놀아달라고 보채어 보호자를 힘들게 할 수도 있습니다.

가급적이면 공놀이는 실외에 나가서 긴 리드줄을 잡은 채로 그 리드줄 범위 안에서 던져주는 것이 좋은 방법입니다. 아이들도 성장기에 밖에서 공놀이를 하면서 뛰어놀듯이 반려견도 실외에서 놀아야 합니다.

장난감을 가지고 노는 푸들

07
가정 밖에서의 다양한 문제

산책

　많은 분이 반려견 산책을 하는 데 어려움을 겪습니다. 올바른 산책 방법을 배우지 않았기 때문에 보호자와 반려견이 서로 힘들게 산책을 하고 있습니다. 산책은 반려견의 건강과 사회성 향상을 위해서 필수적입니다. 일반적으로 하루에 두 번 이상 하는 것이 좋으며, 이때 반려견이 산책하는 중에 여기저기 냄새를 맡게 두는 것보다 오히려 보호자와 함께 뛰고 걷는 것이 반려견의 스트레스 해소에 도움이 됩니다.

공원 산책 중인 포메라니안과 장모 치와와

    제 오랜 경험에 비추어볼 때 냄새를 맡는 것은 산책 중에 20초 정도 7번이면 충분하다고 생각합니다. 만약 보호자가 1시간 동안 산책시킬 경우에는 반려견이 냄새를 맡는 시간을 10~20분 정도 할애하지 않아도 된다는 것입니다. 냄새를 너무 오래 맡으면 예민한 반려견들은 대소변을 억지로 보려고 하는 경우가 있는데, 이때 방광 기능이 약화될 수 있습니다.

    반려견은 보호자와 함께 외출하기만 해도 좋아하며, 뛰어난 후각을 가지고 있기에 걸어가면서도 냄새를 충분히 맡을 수 있습니다. 반려견이 원하는 대로 냄새를 맡게 놔두면 이물질을 먹을 수 있고 몸이 많이 더러워져 집안에 가면 씻기고 닦이는 데 시간을 허비하게 됩니다. 이런 문제로 산책을 회피하는 분들도 있습니다.

포메라니안(좌), 푸들(우)

또한 **보호자가 반려견을 산책시킬 때 무조건 맞춰주기보다는 반려견을 리드해주어야 합니다.** 주변에 사람이나 다른 반려견이 많지 않은 경우에는 줄을 길게 해주어 비교적 자유롭게 다닐 수 있도록 해줍니다. 하지만 위험한 상황이라고 판단되면 줄을 짧게 잡아 반려견을 제어할 수 있도록 해야 합니다. 올바른 산책 방법을 배우면 힘이 약한 분들도 대형견과 함께 편하게 산책할 수 있습니다.

교육 후 대형견을 통제하게 된 여성 보호자

반려견이 산책하면서 운동장이나 놀이터에서 다른 반려견을 마주쳤을 때 짖고 흥분하는 것은 문제 행동이니 교정해주어야 합니다. 실제로 길이나 공원에서 다른 반려견들을 마주쳤을 때 흥분해서 짖고 공격성을 보이는 반려견에게 앉으라고 명령하면서 간식을 주는 보호자들을 종종 볼 수 있습니다.

이는 마치 부모가 10살짜리 아이와 함께 걷다가 갑자기 아이가 친구에게 소리를 치며 겁을 주는데, 아이에게 앉으라고 명령하며 간식을 주는 경우와 동일하다고 봅니다. 반려견도 마찬가지입니다. **반려견과 말로 소통하기 시작하면 다른 반려견을 보고 짖을 때 보호자의 '안 돼'라는 말 한마디에 바로 통제가 됩니다.**

라브라도 리트리버

    적지 않은 반려견 보호자가 직장에 다니기 때문에 평일에는 산책하기가 어려워서, 주말에 몇 시간씩 산책하는 경우가 있습니다. 이때 반려견의 체력이나 건강 상태를 감안하여 산책 시간을 조절할 필요가 있습니다.

    평상시에는 운동을 전혀 하지 않다가 갑자기 무리해서 장시간 운동을 하게 되면 몸에 무리를 줄 수 있습니다. 그렇기에 **반려견 산책은 한 번에 오래 하는 것보다는 매일 꾸준하게 하는 것이 더 중요합니다.**

반려견이 특정인에게 경계심을 가지고 있는 경우나 트라우마가 있는 유기견을 입양한 경우에, 반려견이 특정 가족이나 입양한 보호자에게 거리를 둘 수 있습니다. 이런 경우에는 급하게 다가가기보다는, 반려견이 심적 여유가 생겨 먼저 다가올 때까지 기다려주는 시간이 필요합니다. 이 시간을 조금이라도 단축하기 위해서는 반려견이 가장 좋아하는 산책을 시켜주면서 조용한 곳에서 함께 있어주면 관계 회복에 큰 도움이 됩니다. 이때 주의할 점은 산책할 때도 먼저 성급하게 만지려고 하지 말고, 반려견이 다가올 때까지 기다려주어야 합니다.[10]

---

10) 추가적인 정보는 유튜브 '반려견 행복도우미' 3회, 12회, 15회, 18회의 산책 관련 영상을 참고하십시오.

목줄

　반려견과 산책할 때 가슴 줄로는 반려견이 흥분하고 공격성을 나타낼 때 통제하기 어렵습니다. 특히 중형견이라면 더 그렇습니다. 그렇기에 산책할 때 목줄을 사용해야 보호자가 잘 통제할 수 있습니다. **반려견을 산책하는 데 있어서 가장 중요한 것이 반려견에게 적합한 목줄을 사용하는 것입니다. 목줄을 어떤 것으로 선택하느냐에 따라서 통제가 잘 될 수도 있고 안 될 수도 있기 때문입니다.** 반려견마다 또는 상황에 따라 다를 수 있습니다.

네임목줄을 착용하고 산책하는 라이카

그에 맞춰 보호자가 통제하기에 용이한 목줄을 선택해야 합니다. 중형견 이상은 네임 목줄로 통제할 수 있을 때 일반 목줄이나 가슴 줄로 바꾸어도 늦지 않습니다. 중형견 이상을 일반 목줄이나 가슴 줄로 산책하게 되면 반려견이 흥분하거나 공격성을 나타낼 때 힘이 약한 분들은 통제가 어려울 수 있습니다. 그렇게 되면 주변 사람이나 반려견에게 사고를 낼 수도 있고 본인이 사고를 당할 수도 있습니다. 제가 다녀본 반려견 선진국에서는 대부분 가슴 줄이 아닌 목줄을 사용하고 있었습니다.

소형견 목줄
몰티즈, 치와와 종은 폭 10mm (상)
푸들, 비숑프리제 종은 폭 15mm (하)

중·대형견 네임목줄
진도견, 라브라도 리트리버 종은 길이 50cm (상)
말라뮤트, 골든 리트리버 종은 길이 60cm (하)

목줄은 중·대형견들을 산책할 때 안전한 통제 방법으로 사용하여야 하고, 목을 조여서 고통을 주는 도구로 사용해서는 안 됩니다.[11]

---

11) 추가적인 정보는 유튜브 '반려견 행복도우미' 6회, 13회, 18회의 목줄 관련 영상을 참고하십시오.

산책 교육을 받고 있는 반려견들

다견 산책

다견을 키우는 가정에서는 많은 어려움을 겪고 있습니다. 특히 반려견 간의 안정적인 생활과 실내질서 유지를 위해서는 산책을 필수적으로 해주어야 하는데, 이를 어려워하는 분들이 많습니다. 일반적으로 **다견 보호자는 한 마리씩 따로 산책을 하고 있는데, 이 경우 시간적 낭비와 남아 있는 반려견의 내적 스트레스를 야기할 수 있습니다.** 하지만 이는 반려견에게 신뢰와 소통을 기반으로 말을 가르치고, 다견의 올바른 산책 방법을 배우면 충분히 해결 가능합니다.

올바른 산책은 반려견의 건강과 사회성 그리고 보호자와 반려견 간의 교감에 있어서 긍정적인 영향을 미칩니다. 또한 충분한 산책은 흥분으로 인한 짖음과 공격성향을 해결하는 데 도움이 됩니다. 산책 방법만 제대로 배우면 사람들이나 다른 반려견이 많은 공공장소에서도 이들과 함께 어우러져 행복한 시간을 보낼 수 있습니다. 아이들도 다양한 사람들과 함께 운동하면서 스트레스를 해소하고 사교성과 교감이 길러집니다. 그렇기에 **사람보다 더 순수하고 감정적인 반려견들은 다견 산책을 통해 스트레스를 풀어주고 사회성을 길러주어야 합니다.**

미국 LA 다견 산책 교육을 받은 반려견들

---

12) 추가적인 정보는 유튜브 '반려견 행복 도우미' 1회, 18회, 23회의 다견 산책 영상을 참고하십시오.

자동차 안

교육받기 전에는 심하게 짖던 다견들이 교육 과정 중에 차분해진 모습

보호자가 자동차로 반려견과 함께 이동할 때 짖거나 흥분하는 행동 때문에 힘들어하는 경우를 많이 봐왔습니다. 반려견이 이런 문제 행동을 보이면 대부분 켄넬에 가두어 차에 태웁니다. 그러나 올바른 교육을 통해 반려견이 말을 인지하면 더 이상 짖거나 흥분하는 등 문제 행동을 하지 않게 됩니다.

말을 가르쳤음에도 불구하고 행동이 지속되는 경우에는 반려견의 감정이 상하지 않게 하면서도 수긍할 수 있는 방법을 통제해주면 됩니다. 굳이 반려견을 켄넬에 가두지 않고도 이동할 수 있습니다. 켄넬에 가둬진 채로 자동차로 이동하는 것은 진정으로 같이 다니는 것과는 거리가 있다고 생각합니다.

자동차 교육 후 차분해진 반려견

덧붙여 반려견을 자동차에 태우기 전에 30분 정도 미리 산책시키고 출발하거나 잠시 쉬어가는 휴게소에서 짧게라도 산책시키면 이동 중에도 반려견에게 안정감을 줄 수 있습니다. 목적지에 도착했을 때도 곧바로 목적지로 들어가는 것이 아니라 주변을 산책한 뒤에 들어가면 도움이 됩니다.[13]

---

13) 추가적인 정보는 유튜브 '반려견 행복 도우미' 12회, 13회, 21회, 23회의 자동차 안 영상을 참고하십시오.

공공장소(유치원, 호텔, 카페, 운동장, 쇼핑몰 등)

짖음이 심하여 반려견 운동장에 가지 못했던 비숑이 교육 후 적응하여
다른 반려견들과 함께 어울리는 모습

많은 반려견이 사회성 부족으로 인해 공공장소에서 적응하지 못하여 본능적으로 짖거나 흥분하여 다른 사람이나 반려견에게 피해를 주는 경우가 많습니다. 보호자 또한 반려견의 이런 모습에 당황하고 힘들어하며 반려견과 함께 공공장소에 가는 것을 어려워하게 됩니다.

반려견들이 공공장소에서 이러한 행동을 하는 이유는 사회성이 부족할 뿐만 아니라 보호자가 올바르게 리드해주지 못한 것이라고 볼 수 있습니다. 공공장소에서 반려견 스스로가 올바른 행동을 할 수 없기 때문에 보호자가 상황에 맞게 리드를 잘 해줘야 합니다. 보호자는 반려견을 공공장소로 데리고 가기 전에, 반려견의 문제행동을 인지하고 있어야 하며 리드하는 방법을 배워서 자신감 있게 반려견을 통제할 수 있어야 합니다.

반려견과 동행하고 싶었던 공공장소로 가기 전에, 먼저 추천해드리고 싶은 방법은 평상시 집 주변에서 산책할 때 또래 강아지나 체격이 비슷한 반려견들과 함께 있는 상황을 충분히 적응시켜주는 것입니다. 반려견이 다른 반려견들에게 예민하게 반응을 하지 않는다고 판단이 되었을 때, 공공장소에도 적응을 할 수 있도록 시도해보는 것이 좋습니다. 준비가 되었다고 판단이 되어도 공공장소에 도착하는 대로 곧바로 그 장소에 들어가지 말고, 반려견과 그 주변을 잠시 산책을 하는 것을 추천드립니다. 산책을 추천드리는 이유는 반려견이 그 주변을 산책함으로써 새로운 장소에 대한 흥분이나 긴장감을 낮출 수 있기 때문입니다.

그리고 공공장소에 들어간 후에도 반려견의 태도를 계속 관찰해야 합니다. 만약 반려견이 공공장소에서 불안해하거나 다른 반려견들과 어울리지 못한다고 판단이 되면, 보호자는 반려견이 스트레스를 받지 않도록 그 장소를 벗어나야 합니다. 만약 반려견이 예민하게 반응하지 않거나 불안해하지 않으면, 짧게 잡고 있던 리드줄을 조금씩 길게 잡아주면서 보호자 근

처에서 잘 적응할 수 있도록 도와주시면 좋습니다.

짖음이 심하여 시장에 갈 수 없었던 다견이 교육 후 주변 사람들에게 반응하지 않고 여유있는 모습

공공장소에서 다른 반려견이 보호자의 반려견에게 위협을 주는 행동을 할 경우, 반려견은 그 행동이 트라우마가 되어서 생활하거나 산책할 때 심하게 짖거나 겁을 먹어 피해 다니는 행동을 보일 수 있습니다. 그렇기 때문에 반려견이 다른 반려견에게 갑자기 노출되어 위협을 받지 않도록 보호자는 주의해야 합니다.

실제로 교육을 요청하셨던 많은 보호자 분의 소원이 저와의 교육을 통해서 반려견의 문제행동을 고치고 반려견 동반 카페나 쇼핑몰에 반려견과 함께 가보는 것이라고 말씀하셨던 사례가 많았습니다. 반려견과 동반해서 갈 수 있는 장소들이 늘어가고 있지만 여러 가지 문제 행동으로 인해 그 행복을 누리지 못해서 많이 아쉬워하셨습니다.

집안에서 일어날 수 있는 문제 행동들도 교육이 필요하지만, 공공장소에서 문제 행동으로 인해 다른 사람들이나 반려견들에게 피해가 갈 수 있기 때문에 공공장소에서의 예절 교육은 더욱 중요하다고 생각합니다.

저에게 교육을 받은 후에 보호자 분들이 제일 만족해하시는 부분 중에 하나가 반려견과 이제는 어디든 함께 갈 수 있다는 점입니다. 교육 과정에서 말을 가르쳤기 때문에 공공장소에서 짖거나 흥분할 때 반려견의 이름을 부르면서 '안 돼'라고 말을 하면 반려견이 그 말을 알아듣고 짖거나 흥분하는 행동을 멈추게 됩니다. 그래서 보호자 분들이 교육 전과 다르게 반려견을 통제하는 게 너무 쉽고 편해졌다고 말씀하셨습니다.[14]

사회성 부족으로 카페에 갈 수 없었던 올드 잉글리쉬 쉽독이 교육 후
가족들과 카페에서 편안한 시간을 보내는 모습

짖음이 심하여 카페에 갈 수 없었던
비숑이 교육 후 즐거운 시간을 보내는 모습

---

14) 추가적인 정보는 유튜브 '반려견 행복 도우미' 13회, 17회, 18회 영상을 참고하십시오.

다견 교육

　반려견 교육을 진행해온 20년이라는 세월 동안 많은 다견 가정에 방문하였습니다. 적게는 2마리부터 많게는 10마리까지 키우는 가정에 방문하여 다양한 문제를 해결해준 경험이 있습니다. 다견을 키우는 가정에서 발생하는 문제로는 주로 반려견 간의 싸움과 짖음, 산책 문제가 있었습니다.

2시간 교육으로 인해 짖음 문제가 해결된 다견

그중에 가장 심각한 문제는 다견의 짖음이라고 할 수 있습니다. 다견을 키우는 보호자들은 반려견들이 심하게 짖고 질서가 없어서 가족 이외에 외부인의 출입이 어렵다고 호소하였습니다. 다견 교육을 위해 가정을 처음 방문할 때 외부인에 대한 경계심으로 인해 심하게 짖는 다견 때문에 교육을 시작하기조차 어려웠던 적도 많았습니다.

물론 다견이 외부인이나 외부소리에 민감하게 반응하고 짖는 것은 동물의 본능일 수도 있습니다. 다견을 키워보신 보호자는 이미 경험해보셨겠지만 한 반려견이 짖기 시작하면 다른 반려견들도 본능적으로 따라 짖게 됩니다. 하지만 이러한 본능적인 짖음은 이웃 주민과의 마찰과 다툼을 야기할 뿐만 아니라 보호자에게도 큰 스트레스를 주기 때문에 반드시 교정해주어야 합니다.

짖음 다음으로 흔히 발생하는 문제는 반려견 간의 싸움입니다. 이를 해결하기 위해서는 **우선 싸움의 원인이 무엇인지 파악해야 합니다. 그 원인으로는 크게 흥분, 과잉보호, 스트레스 등이 있습니다.** 일반적으로 보호자가 귀가했을 때 반려견들이 흥분하거나, 보호자가 어떤 이유로든 특정 반려견을 과잉보호했을 때 다른 반려견들이 질투하는 것이 싸움의 시작이 됩니다. 특히 특정 반려견이 어리거나 약하다는 이유로 더 많은 애정을 주게 되면 다른 반려견의 공동의 적이 되어 공격을 당할 수도 있습니다.

포메라니안(좌), 코커스파니엘(우)

마지막으로는 충분히 산책하지 못하는 상황에서는 많은 반려견이 스트레스를 받고 예민해져 과민반응의 일종으로 싸움이 일어나고는 합니다. 여러 차례 말씀드리고 있지만, **반려견이 행복하게 사는 데 있어서 산책은 중요한 요소입니다. 산책이 부족하면 싸움으로도 이어질 수 있는 만큼 다견 산책은 더욱 중요합니다.** 다견 산책과 관련된 자세한 내용은 이 책의 산책 부분을 참고하시면 됩니다.

기본적으로 산책을 시켜주면서 반려견의 스트레스를 해소시켜주고 난 뒤에 '안 돼'라는 말을 가르쳐야 합니다. 말을 배운 아이들이 수업 시간에 떠들거나 소란을 피울 때 선생님이 조용히 하라고 하면 그 말을 듣고 조용히 하듯이, 다견들 또한 말을 가르치면 짖거나 흥분한 상황에서 보호자의 '안 돼'라는 말 한마디에 그 행동을 멈추게 됩니다. 그렇기에 저는 다견 교육 과정에서 반려견들의 짖음이나 싸움 문제를 보호자가 확실하게 통제할 수 있도록 도와주고 있습니다.[15]

몰티즈

---

15) 추가적인 정보는 유튜브 '반려견 행복 도우미' 2회, 4회, 10회, 18회의 다견 교육 영상을 참고하십시오.

통제 방법

저는 30년간의 경험을 통해 반려견 교육도 자녀들이나 학생들을 대상으로 하는 교육과 일맥상통한다는 것을 알게 되었습니다. 부모나 교사와 마찬가지로 반려견에게 자신의 감정을 투영해서는 안 된다는 것입니다. 사람이 이해하고 납득할 수 없는 행동은 반려견에게도 해서는 안 됩니다. 우선 어린 강아지 시절부터의 교육이 중요합니다.

사실 선천적으로 나쁜 기질을 가지고 태어난 개는 5%도 되지 않습니다. 그 외에는 어릴 때 받은 교육 방식에 의해 그런 성격이 형성되는 것입니다. 하지만 많은 보호자가 이 교육의 필요성을 모르고 키우다가, 문제가 발생하고 나서야 해결하려고 합니다. **강아지 시절에 교육이 제대로 이뤄지면 사고가 발생하기 전에 가정에서 미리 예방할 수 있습니다.**

본격적으로 방문교육을 하기 전 위탁교육을 운영했던 시절에 반려견에게 다양한 말을 가르쳤던 경험이 있습니다. 예를 들어 '옳지, 안 돼, 이리 와, 앉아, 엎드려, 굴러, 기다려, 돌아, 뒤로, 가져와, 손, 차렷, 빵, 뛰어, 올라가, 좌로, 우로, 넘어, 짖어, 물건 지켜, 차에 타, 차 지켜, 물어, 놔, 맡아, 찾아' 등 수많은 말을 가르치면서 반려견과 소통했습니다. 만약 보호자가 외국인인 경우 반려견에게도 외국어의 기본적인 단어를 가르쳐주었습니다. MBC 방송 '기인열전'에 출연하여 대형 견종인 세인트버나드에게는 한국어와 일본어로, 로트 와일러에게는 한국어와 일본어와 독일어로 교육하기도 하였습니다.

다견 산책 교육 중인 이문기 대표

하지만 제가 20년 동안 반려견 방문교육을 해본 경험에 비추어보았을 때, 실외에서 생활하는 반려견에게는 여러 단어를 가르칠 필요가 있지만 실내에서 생활하는 소형 반려견에게는 '안 돼', '옳지', '이리 와' 이 세 단어만 가르쳐도 보호자와 충분히 소통이 이루어져 통제가 됩니다.

가정에서 문제 행동을 보이는 반려견을 통제하는 과정에서 보호자가 언제, 어떻게, 얼마나 혼을 내야 하는지 잘 모르는 경우가 많습니다. 반려견이 가정 내에서 벽지, 장판, 가구, 신발 등을 물어뜯은 상황에서는 시간이 지났어도 반려견을 안고 현장으로 데려가 반려견의 입을 망가뜨린 물건에 대고 '안 돼'라고 말해줍니다. '안 돼'라는 말을 배운 반려견은 그 말을 알아듣고 보호자가 싫어하는 행동이라는 사실을 깨닫고 그 행동을 멈추게 됩니다.

반면에 망가뜨린 물건이 있는 현장에 데려가기 전부터 야단을 치거나, 반려견을 끌고 가면서 두 번 이상 반복적으로 야단치는 것은 보호자의 감정이 개입되는 방법입니다. **오감이 발달된 반려견들은 보호자의 목소리나 숨소리만으로도 분위기를 감지합니다.** 이미 보호자의 눈치를 보고 있는 반려견에게 이런 행동을 하면 트라우마를 줄 수 있으니 하지 않도록 주의해야 합니다.

자녀가 가정에서 문제 행동을 보일 때 크게 소리치거나 물건으로 겁을 주는 방법은 교육이 아니라 학대라고 생각합니다. 반려견 또한 고통을 주는 방법을 사용하여 통제하는 것은 동물 학대에 가깝습니다.

반려견이 문제 행동을 보일 때 반려견에게 야단을 치지 않는다면서 습관적으로 겁을 주는 행동은 오히려 반려견에게 더 큰 스트레스를 줍니다. 반려견은 보호자의 말이나 행동에 눈빛이나 표정으로 자신의 감정을 나타냅니다. 이를 인지하고 반려견의 감정이 상하지 않는 방법으로 반려견을 다루어야 합니다.

부모가 자녀를 훈육하는 과정에서도 학대는 정당화될 수 없듯이, 자녀와 동일한 반려견에게도 학대에 가까운 방법들은 결코 정당화될 수 없다고 생각합니다.

'앉아' 강요하지 않기

자유롭게 앉아서 미소짓는 골든 리트리버

일반적으로 많은 보호자가 반려견이 가정 안이나 밖에서 흥분하여 짖거나 공격성을 보일 때, 반려견에게 '앉아'라고 명령하며 통제하려고 합니다.

아이들이 가정에서 소란을 피우거나 공격성을 보일 때 부모가 앉으라고 명령하는 상황은 아이들이 받아들이기 어려울 것입니다. 아이가 문제 행동을 할 때 훈육 과정에서 '앉아', '엎드려'와 같은 인위적인 행동을 요구하면서 통제하는 부모는 없습니다.

반려견이 1살이면 사람의 나이로 15살이고, 2살이면 24살입니다. 많은 보호자가 간식 훈련을 시킨다는 명목하에 반려견에게 '앉아', '엎드려'와 같은 명령을 무의식적으로나 습관적으로 여러 번 반복합니다.

간혹 이러한 행동을 재미 삼아 시키는 보호자도 있는 것으로 알고 있습니다. 하지만 가정에서 중학생이나 성인에게 재미로 '앉아'나 '엎드려'를 시키는 경우는 없듯이, 반려견에게도 이런 행동을 시키지 않는 것이 바람직하다고 생각합니다.

반려견에게 말을 가르치면 보호자의 '안 돼'라는 말 한마디에 통제가 되기 때문에 굳이 '앉아', '기다려'와 같은 명령을 힘들게 반복하시 않아도 됩니다. 문제 행동을 보이는 반려견을 수긍할 수 있는 방법으로 통제를 해주어야 합니다. 인위적으로 앉거나 엎드리는 행동들은 훈련과정에서 필요할 수 있으나 실제로 문제 행동을 통제하는 순간에는 강요하지 않는 것이 좋습니다.

물론 상황과 목적에 따라서 명령이 필요할 수 있습니다. 예컨대 반려견 훈련소, 군견이나 마약 탐지견을 훈련하는 경우와 같이 확실한 목적이 있는 경우에 한하여 명령을 해야 합니다.

오랜 훈련을 통해 훈련사의 '물어'라는 명령을 듣고
가상 범인을 공격하는 셰퍼드

일반적으로 가정에서 반려견을 키우는 경우에는 반려견이 편안한 분위기 속에서 자발적으로 앉거나 엎드리도록 해주면 됩니다.

예민하거나 교육을 제대로 받지 않은 반려견들은 외부인이나 가족이 집에 들어왔을 때나 산책하다가 다른 반려견들을 만났을 때 짖음, 흥분 등 공격성을 보이는 경우가 많습니다. 반려견을 대상으로 한 교육뿐만 아니라 보호자를 대상으로 한 교육이 이루어져 있지 않으면, 보호자가 반려견을 통제하려고 시도하는 과정에서 예상치 못한 반려견의 행동에 당황하고 자신감을 잃게 됩니다.

편안하게 앉아있는 노 퍽 테리어

가정 내에서 짖음, 흥분, 공격성 등의 문제 행동을 보일 때는 다른 방으로 이동하여 반려견이 진정할 때까지 기다려주거나 바로 산책을 나가서 반려견의 흥분을 가라앉혀 주어야 합니다. 산책할 때 문제 행동을 보이면 가급적 그 자리를 빠르게 벗어나는 것이 좋습니다.

위와 같은 상황에서 예민하거나 교육을 받지 않아 통제가 되지 않은 반려견에게 '앉아'라고 명령하면, 반려견은 보호자의 눈치를 보고 스트레스를 받게 됩니다. 반대로 공격 성향이 강한 반려견의 경우에는 공격 성향이 더 자극되어 보호자를 위협하기도 합니다.

문제 행동을 보이는 반려견을 통제하는 과정에서 보호자는 본인이 반려견을 통제할 수 있는지를 신속하게 판단하여야 합니다. 반려견이 흥분하여 짖거나 공격성을 보일 때 통제를 한두 번 시도하면서 반려견이 보호자의 통제 방법에 수긍하는지를 빠르게 파악하고, 어려움을 느끼는 경우에는 그 상황을 잠시 피하는 것이 최선일 수 있습니다. 그리고 빠른 시일 내에 전문가와의 상담을 통해 해결책을 찾는 것이 좋습니다.

반려견의 통제가 잘되지 않는 상황에서 그저 반복하기만 하면, 보호자도 감정이 격해져서 반려견에게 무의식적으로 소리를 지르게 되고 여러 가지 고통을 주는 방법들을 사용하게 됩니다. 이러한 보호자의 감정이 반려견에게 고스란히 전달되어, 마음이 여린 반려견은 주눅이 들거나 눈치를 보게 되고, 예민하거나 드센 성격의 반려견은 반발심을 가지게 되어 입질을 하는 등 공격성을 나타낼 수 있습니다.

평상시에 차분한 분위기에서 '앉아'를 시키는 것과 외부인이나 다른 반려견들에게 흥분을 보이는 상황에서 갑자기 '앉아'라고 명령하는 것은 분명히 다릅니다. 이미 외부인이나 다른 반려견들에게 모든 신경이 집중되어 있는 반려견에게 보호자의 '앉아'라는 말이 들릴까요?

흥분된 상태에서 보호자의 명령에 반응해야 하는 반려견은 그 상황을 받아들이지 못하여 당황한 표정을 보일 것입니다. 이러한 방법들로 반려견을 교육하기에 앞서, 이를 반려견이 어떻게 받아들일지를 생각해볼 필요가 있습니다.

보호자가 흥분된 반려견을 가라앉히고자 반려견에게 '앉아'라는 말을 반복적으로 하면서, 반려견이 보호자의 명령에 따르지 않는 경우에 목줄을 들어 올리는 경우도 종종 있습니다. 이러한 방식으로 반려견에게 고통을 주면서까지 반려견을 이겨보려고 하는 자존심 싸움을 하기도 합니다.

당시 현장의 분위기나 다른 반려견들의 상태 등에 따라 반려견이 반응하는 것이기 때문에 **반려견과 자존심 싸움을 할 필요는 없습니다. 반려견에게 반복적으로 '앉아'를 강요하기보다는 올바른 교육 방법을 배우는 것이 바람직합니다.**

자발적으로 편안하게 앉아 있는 반려견(교육 후)

많은 보호자 분이 문제 행동을 보이는 반려견을 키우기 어렵다고 말씀하십니다. 하지만 반려견은 이미 올바른 교육을 받을 준비가 되어 있습니다. 반려견을 탓하기보다는 보호자 분이 상황에 따라 적절하게 리드하는 방식을 익혀서 문제 행동을 해결하려고 노력해야 합니다.

반려견과 함께 공존하기 위해 보호자 분이 반려견에 대한 지식이나 교육에 더 큰 관심을 보여주시면 좋겠습니다.

감정 조절의 필요성

  많은 보호자가 반려견 교육 과정에서 감정 조절이 어렵다고 말씀하십니다. 이는 올바른 교육 방법을 잘 모르고 있기 때문이라고 봐야 합니다. **대부분의 보호자가 제대로 된 교육을 받지 않은 상태에서 여러 매체에서 접한 여러 방식을 일관성 없이 시도하게 됩니다.** 이때 보호자의 감정이 개입되어 반려견이 스트레스를 받는 것입니다.

  다음은 반려견을 키우는 보호자들이 문제 행동을 통제하기 위해 주로 사용하는 방법입니다.

🐾 **짖음 문제**: 앉으라고 하면서 간식 주기, 큰소리치기, 눈싸움하기, 손가락질하기, 입 잡기, 물건으로 겁주기, 방에 가두기, 켄넬에 가두기 (감금), 안아주기 등

🐾 **분리불안 문제**: 노즈워크, 나갔다 들어오기 반복하기 등

🐾 **흥분 문제**: 밀치기, 가로막기, 블로킹하기 등

- **공격성향 문제**: 눈 쏘아보기, 힘으로 제압하기, 압박하기, 몰아세우기, 블로킹하기, 켄넬에 가두기 (감금), 목줄 잡아채기, 목줄로 들어 올리기 등

- **산책 문제**: 앉으라고 하면서 간식 주기, 눈 쏘아보기, 목줄 잡아채기, 목줄로 들어올리기 등

- **다견 문제**: 켄넬에 가두기 (감금), 블로킹하기, 큰소리치기, 밀치기, 가로막기 등

※ 반려견에게 말을 가르치면 문제 행동을 보일 때 이러한 방법들을 하지 않아도 됩니다.

반려견은 순수하고 착합니다. 하지만 문제 행동을 개선하는 과정에서 반려견을 교육한다는 명분하에 아래와 같은 행동을 합니다. **반려견에게 고통, 충격, 스트레스 그리고 트라우마까지 줄 수 있는 행동은 하지 말아야 합니다.** 이러한 방법을 이미 시도해본 보호자께서도 이에 대해 재고해주시길 바랍니다. 한번쯤은 반려견의 입장이 되어서 생각해보셨으면 좋겠습니다.

- **목줄을 잡아채거나 목줄로 들어 올리기**: 목줄을 잡아채는

것은 사람의 목을 손으로 치는 행위와 동일하고, 목줄로 들어 올리는 것은 사람의 목을 양손으로 조르는 행위와 동일합니다. 이와 같은 목줄을 활용한 교육을 하게 되면 반려견은 숨이 막혀 '켁켁'거리며 고통스러워합니다.

목줄을 강하게 들어 올리면 반려견은 극한 공포심이나 생존의 위협을 느껴 대소변을 보게 되는 경우도 있습니다. 부모가 아이에게 동일하게 행동하는 경우에 극한 스트레스로 인해 트라우마가 생긴 아이가 일상생활을 제대로 할 수 있을지 생각해 봐야 합니다. 신체적으로 심한 고문을 받으면 성인도 쇼크를 받아 무의식적으로 실수하는 경우와 동일하다고 봅니다.

이런 행동을 하면 반려견은 긴장감과 공포심을 느껴서 눈빛이 불안함과 두려움으로 가득 찬 표정을 보이게 됩니다. 가정에서 자녀가 부모에게 학대를 받으면 자녀의 행동이나 표정이 불안정해 보이듯이, 반려견 또한 보호자에게 이런 행동을 당하게 되면 정상적인 생활이 어렵습니다. 이는 곧 부메랑이 되어 보호자 또한 생활이 힘들어집니다.

🐾 **압박하거나 물건으로 겁주기**: 반려견을 힘으로 압박하거나 물건으로 겁을 주게 되면 반려견은 겁에 질려 뒷걸음질을 치

게 됩니다. 극한 상황에 몰린 반려견들은 으르렁거리거나 강한 공격성향을 드러내기도 합니다. 반려견이 보호자에게 심하게 저항하는데, 이는 압박으로 인해 두려움을 느껴 본능적으로 보이는 현상입니다. 부모가 아이에게 동일하게 행동하였을 때 아이가 어떻게 반응할지 생각해봐야 합니다.

🐾 **켄넬에 가두기(감금)**: 반려견이 평상시 집안에서 자유롭게 생활하다가, 외부인의 방문으로 인하여 짖는다는 이유로 켄넬에 감금당하는 것이 얼마나 큰 스트레스일지 생각해봐야 합니다. 이는 아이가 집에서 소란을 피운다고 부모가 방에 들어가 있으라고 하는 것과 같습니다. 이러한 방법은 일시적인 해결책에 불과할 뿐만 아니라 반려견이 보호자와 함께 행복하게 생활하는 데 있어서 모순되는 모습이라고 생각합니다.

보호자는 문제 행동을 보이는 반려견을 통제하는 과정에서 여러 가지 방법을 사용합니다. 이러한 방법을 사용하는 보호자들은 반려견에게 고통을 준다는 사실에 미안해하고, 본인들도 반복적으로 행동해야 하기 때문에 힘들어합니다. 그러한 불편함을 감수하는 것에 비해 반려견의 행동은 큰 변화는 없었다고 말씀하십니다.

보호자들이 위와 같은 방법을 사용할 경우에, 반려견들 또한 심리적으로 불안해지고 긴장하게 됩니다. 그리고 보호자의 눈치를 보며 의기소침해집니다. 제가 교육을 위해 보호자와 상담을 진행해보면, 보호자의 위와 같은 방법이 반려견의 문제 행동을 만들게 된 것으로 판단되는 경우가 대부분입니다.

평상시 반려견에게 올바른 교육을 해주지 않은 상황에서, 보호자의 말을 잘 듣지 않는다고 야단치는 것은 너무 가혹하다고 봅니다. 사람도 무언가를 처음 배우면 익숙해지기 전까지 실수를 하는데, 반려견이 당연히 보호자의 의도를 먼저 파악하고 잘 따라와야 한다고 생각하는 것이 보호자의 욕심이 아닐까 생각합니다. 말을 배운 아이들조차 여러 번 말해도 잘 따라오지 못하는 경우가 많습니다.

그렇기에 보호자가 말을 통해 리드하는 방법을 제대로 몰랐기 때문에, 반려견이 보호자의 말을 따라오지 못하고 보호자의 눈치를 보면서 지냈다고 봐야 합니다. 또한 인위적인 방법을 통해 반려견을 감정적으로 대하였기 때문에, 반려견이 날이 갈수록 사나워지고 본능적으로 예민하게 반응하는 것이라고 보면 됩니다.

부모가 자녀에게 큰소리를 치거나 반복적으로 야단을 치면, 자녀는 부모의 눈치를 보고 불안해합니다. 말은 못 하지만 감정이 있는 반려견 또한 보호자가 평상시에 일관성 없이 행동하였기 때문에, 보호자의 눈치를 보고 불안해하는 것입니다.

아이가 심리적으로 불안해하고 문제 행동을 하여, 정신건강의학 전문의에게 치료를 받고 있다고 가정해봅시다. 치료 과정에서 심리적으로 불안한 아이에게 정신적인 고통이나 신체적인 고통을 주는 전문의는 없습니다. 그렇기에 **아이들 같은 반려견을 교육하는 과정에서도 반려견에게 고통을 주는 방법을 사용해서는 안 된다고 생각합니다.**

어떠한 경우에도 반려견에게 보호자의 감정이 개입된 행동을 해서는 안 됩니다. 보호자의 흥분한 감정이 개입되면 신체적인 고통을 주는 행동으로 이어지게 됩니다. 반려견의 몸과 마음을 아프게 하는 행동을 하지 말아야 합니다.

'지렁이도 밟으면 꿈틀거린다'라는 속담이 있습니다. 강아지 때 티 없이 맑고 순수했던 반려견이 자라면서 예민해지고 공격성을 나타내는 경우가 많습니다. 또한 반려견은 보호자를 좋아하기 때문에 보호자에 대한 의리를 지키고자 합니다. 이러한

반려견이 보호자에게 입질을 하면서 공격성을 보이는 것은 현재 자신이 처한 상황이 너무 힘들다는 것을 간접적으로 표현하는 것이라고 생각해야 합니다.

고통과 감정을 느낄 수 있는 반려견에게 어떤 행동을 할 때는 신중할 필요가 있습니다. 아이나 반려견은 스스로 잘할 수 없습니다. 그렇기에 **반려견은 보호자가 평상시 어떻게 대하느냐에 따라 보호자와 반려견의 행복지수가 달라집니다.**

말 가르치기

문제가 되는 행동이나 습관을 교정할 때는 고통을 주는 방법을 지양해야 합니다. 한 번 그런 방식을 사용하면 계속해서 그렇게 교정해야 합니다. 이는 근본적인 해결 방법이 아닙니다. 결국에는 **많은 보호자가 반려견을 키우는 데 있어서 서로 소통이 되지 않아서 힘들게 생활하고 있습니다.**

그렇기에 반려견에게 말을 가르쳐야 합니다. 반려견이 자주 하던 문제 행동을 반복하려고 할 때, 보호자가 '안 돼'라는 말을 해주면 그 말을 경고라고 인지해서 반려견이 판단하게 됩니다. 말을 배웠기 때문에 반려견 스스로 그 말을 이해함으로써 그 행동을 멈추게 되는 것입니다. 만약 그럼에도 불구하고 반려견이 나쁜 습관이나 행동을 반복할 때는 반려견의 감정이 상하지 않게 수긍할 수 있는 방법으로 통제를 해야 합니다.

이를 위해서는 우선 반려견을 '안 돼'라는 말 한마디로 다룰 수 있도록 교육해야 합니다. 저는 '안 돼'와 '옳지'라는 두 가지 말을 가르쳐서 반려견을 통제할 수 있다는 사실을 증명해왔습니다. 우선 '옳지'를 가르칠 때는 반려견의 눈높이에서 30cm 떨어진 거리에서 먹이를 보여 주며, '옳지'라고 말하고 2초 있다가 먹으라며 먹이를 입에 가져다줍니다. 다음으로 '안 돼'를 가르칠 때는 앞선 방법과 마찬가지로 반려견의 눈높이에서 30cm 떨어진 거리에서 먹이를 보여줍니다.

그리고 '안 돼'라고 말하고 2초 있다가 먹이를 앞발 사이에 놓아둡니다. 반려견이 먹이를 먹으려고 하면 다시 한번 '안 돼'라고 말하면서 먹기 전에 손바닥으로 반려견의 입과 먹이 사이를 가로 막아줍니다. 한 번 실수하면 반려견이 실수를 인지하고 만회할 때까지만 두세 번 반복해줍니다. 반려견이 2초 정도 먹이를 먹지 않고 기다리면 '옳지'라고 말하고 먹으라며 먹이를 입에 가져다줍니다.

하지만 이때 주의해야 할 점은 식탐이나 공격성이 있는 개는 물 위험이 있으니 보호자가 섣불리 해서는 안 되고 전문가의 도움을 받아야 합니다. 또한 반려견 앞에 먹이를 둔 지 2초 정도가 지나면 '안 돼'라는 말을 알아들은 상태이니, 시간이나 반복하는 횟수를 늘리면 오히려 반려견에게 눈치와 스트레스를 주게 됩니다. **'옳지'라는 말은 칭찬이며 해도 된다는 것을 의미하고, '안 돼'라는 말은 제지이며 하면 안 된다는 것을 의미합니다.** 반려견이 이를 확실히 구분할 수 있도록 가르쳐주어야 합니다. 두세 번만 반복하면 반려견이 '옳지'와 '안 돼'를 알아듣고 이해할 수 있게 됩니다. 성격이나 습관이 형성되는 강아지 시절에 말을 가르치는 게 가장 효과가 빠르고 좋습니다.[16]

'안 돼'라는 말을 배운 후 기다리고 있는 반려견

---

16) 추가적인 정보는 유튜브 '반려견 행복 도우미' 14회의 반려견 언어 교육 영상을 참고하십시오.

'안 돼' 이해시키기

 '옳지'라는 말은 반려견에게 전하는 칭찬이며, 반려견이 지금 잘하고 있다고 알려주는 것입니다. 반려견은 사람보다 오감이 발달되어 있습니다. 그래서 보호자가 '옳지'라는 말과 함께 편안한 분위기를 만들어주면, 그 분위기를 느끼고 자신이 사랑받고 있다는 사실을 인지하게 됩니다.

 반면에 **'안 돼'라는 말은 반려견에게 전하는 경고입니다.** 즉, 반려견에게 흥분하지 말아라, 짖지 말아라, 다른 반려견이나 사람, 자전거 등 움직이는 물체에 공격성을 보이지 말아라 등의 메시지를 전하는 것입니다. 반려견이 문제 행동을 보일 때, 보호자가 '안 돼'라는 말을 통해 반려견의 행동을 멈추라고 경고해주면 됩니다. '안 돼'라는 말의 의미를 알아들은 반려견은 그 상황을 스스로 판단하여 자신의 행동을 멈추게 됩니다.

 많은 보호자가 '안 돼'라는 말을 큰 소리로 단호하게 명령하듯이 하면서 반려견의 눈을 쳐다봅니다. 큰소리를 들은 반려견이 놀라고 긴장하여, 표정뿐만 아니라 몸이 경직되는 것을 보셨을 것입니다. 특히 반려견은 청각이 발달되어 있어 작은 소리에도 민감하게 반응합니다. 그렇기 때문에 문제 행동을 보이는 반려견에게 '안 돼'라는 말을 할 때는 작고 부드러운 목소리로 짧게 말하면 됩니다.

작은 목소리로 '안 돼'라고 말할 때도 반려견의 눈을 보아서는 안 됩니다. '안 돼'라는 말로 한 번 야단을 친 상황에서, 화난 표정으로 반려견의 눈까지 쳐다보는 것은 두 번 야단을 치는 것과 같습니다. 부모나 자녀 또는 부부 사이에서도 실수한 경우에, 한 번의 이야기로 끝낼 수 있는 부분을 여러 번 반복하거나 눈을 쏘아보면서 이야기하면 감정이 상하게 됩니다.

오감이 발달된 반려견은 보호자의 목소리 톤만으로도 분위기를 충분히 감지하고 상황을 판단할 수 있습니다. 하지만 **'안 돼'라는 말을 제대로 가르쳐주지 않은 상태에서 반려견에게 반복적으로 말하는 것은 무의미합니다.** 반려견이 '안 돼'라는 말을 인지하지 못하고 문제 행동을 지속하게 되면, 보호자 또한 흥분하여 반려견에게 큰 소리로 외치게 됩니다. 이때 반려견은 보호자의 시선을 피하곤 합니다. 보호자는 이러한 반려견의 행동이 보호자에게 이제 그만하라는 신호를 보내는 것임을 알아야 합니다.

하지만 흔히들 그 상황에서 감정 조절을 하지 못하고, 반려견에게 고통을 주는 방법으로 의도치 않게 트라우마를 심어주곤 합니다. 소심하고 겁이 많은 반려견들은 소파나 구석진 곳으로 도망가기도 하고, 예민하고 공격성이 있는 반려견들은 자신을 보호하기 위해 위협적이고 야성적인 눈빛으로 보호자를 쳐다보면서 으르렁거리기도 합니다. 이러한 상황에서는 반려견을 더 몰아붙이는 행동을 하면 안 됩니다.

특히 평상시 충분한 산책을 시켜주지 않은 경우에는 반려견의 스트레스가 누적되어 있습니다. 반려견의 기분이나 마음을 고려하지 않고 계속해서 야단을 치면, 반려견이 화난 표정이나 억울한 표정을 보이게 됩니다. 보호자에게 보내는 신호를 잘 파악하여 야단치는 것을 멈춰야 합니다. 이를 눈치채지 못하고 더 심하게 야단을 치면, 이성을 잃은 반려견이 생존의 본능으로 보호자를 물게 되는 상황까지 벌어질 수 있습니다.

반려견이 문제 행동을 보일 때 보호자가 감정적으로 대하지 않고, 자신감을 가지고 반려견을 이성적으로 통제해주어야 합니다. 이렇게 올바른 통제 방식은 반려견이 보호자가 원하지 않는 행동이 무엇인지 인지하게 되어 문제 행동을 멈추게 합니다.

반려견에게 '안 돼'라는 말을 제대로 이해시키면 문제 행동을 보이거나 보일 가능성이 있는 상황에서 먼저 '안 돼'라는 말을 해주면 됩니다. **말을 했음에도 불구하고 문제 행동이 지속될 경우, 손가락이나 손바닥으로 반려견의 입이나 가슴을 살짝 쳐주어야 합니다.**

예를 들어, **말을 배운 반려견이 가정에서 초인종 소리에 계속 짖을 때 보호자가 반려견에게 '짖으면 안 돼'라고 말을 해줍니다. 그런데도 계속 짖으면 이러한 동작으로 야단을 치는 것입니다.** 보호자가 자신감을 가지되 감정적으로만 대하지 않으면, 반려견은 '안 돼'라는 말로 경고를 했음에도 불구하고 동일한 행동을 하니 보호자가 야단을 치는 모습을 보고, 자신의 행동이 잘못되었다는 것을 인지하고 그 행동을 멈추게 됩니다. 반려견에게 보호자가 문제 행동을 싫어한다는 사실을 확실하게 행동으로 알려주어야 합니다.

이때 주의할 사항은 지속적인 문제 행동에 대해 야단을 칠 때 감정이 개입되면 안 된다는 것입니다. **감정을 조절하면서 부드럽고 작은 목소리로 '안 돼'라고 해주어야 합니다.** 한 번 야단치고 나서는 10초 정도 시간을 가지며 보호자와 반려견 모두 감정을 다스릴 시간을 주어야 합니다. 보호자는 '안 돼'라고 말한 후에 반려견의 눈을 쳐다보지 말아야 합니다.

이렇게 통제하는 과정은 우리가 당연하게 생각하는 3가지 경우에 비유할 수 있습니다.

첫 번째로, 전문의가 암환자의 종양을 제거하는 경우와 같습니다. 환자가 암에 걸렸을 때 의사가 진통제만 계속해서 놓게 되면 병은 악화될 것입니다. 의사는 메스를 가지고 직접 종양을 제거하는 수술을 해주어야 합니다. 반려견 교육도 마찬가지입니다. 반려견에게 있어서 간식과 인위적인 방법들은 진통제에 불과합니다. 그렇기 때문에 간식이 아닌 적절한 통제가 필요합니다.

두 번째로, 사자 무리에서 질서를 유지하는 경우와 같습니다. 서열 1위인 사자는 서열 2위가 자신에게 도전할 때 한 번에 통제하여 주도권을 잡아야 합니다. 반려견 교육도 마찬가지입니다. 보호자가 상황에 맞게 자신감을 가지고 반려견을 통제하는 방법을 알아야 합니다. 그래야만 반려견도 이를 수긍할 수 있습니다.

세 번째로, 어린 자녀를 교육하는 경우와 같습니다. 어린 자녀가 손님이 올 때마다 말썽을 피우면 잘못된 행동을 바로 잡고 어린 자녀가 마음대로 하도록 두지 않습니다. 올바르게 판단하지 못하기 때문입니다. 반려견 교육도 마찬가지입니다. 반려견에게 판단을 맡기기 전에 올바르게 통제해주어야 합니다.

사실 이러한 교육이 효과를 가지기 위해서는 평상시에도 산책을 잘 시켜주고, 적절한 대우를 해주고, 반려견에 대한 신뢰를 가지고 있어야 합니다. 우선 산책은 하루에 세 번이 가장 좋습니다. 아침에 한 번, 퇴근하자마자 한 번, 밤에 자기 전에 한 번이면 됩니다. 이때 개들의 컨디션을 고려해주어야 합니다. 건강한 반려견들은 한 번 산책할 때 30분에서 1시간 전후 정도, 그리고 밤에는 10분에서 20분이면 충분합니다.

그리고 반려견은 아이들과 마찬가지로 뼈다귀처럼 간식이나 장난감이 있으면 말썽을 피우지 않습니다. 또한 외출할 때는 사람 소리가 계속 들리도록 라디오를 틀어놓으면 좋습니다. **충분한 산책과 함께 반려견의 입과 귀를 즐겁게 해주면 건강하게 성장할 수 있습니다.** 이렇게 길러진 반려견들은 보호자가 통제를 해도 쉽게 주눅 들거나 감정이 상하지 않습니다.

산책을 매일 해주어서 스트레스가 많지 않은 반려견과 어리거나 순한 반려견은 위의 방법이 쉽게 적용될 수 있습니다. 하지만 산책의 빈도가 낮아서 사회성이 부족하거나 공격성향이 강한 반려견의 경우에는 보호자가 혼자 통제하기 어렵습니다. 이런 경우에는 전문가에게 체계적인 교육을 받아보시는 것을 추천합니다.

보호자와 반려견의 관계

　반려견을 통제하는 과정에서 보호자와 반려견 간의 심리전이 존재하고 때로는 고집싸움이 될 수도 있습니다. 많은 분들이 반려견 교육 과정 중에 반려견이 보호자에게 공격성을 보이면, 이를 서열 싸움이라고 생각합니다. 그래서 서열의 우위를 지키기 위해 힘으로 제압하려고 하거나 고통을 주는 행동을 하는데 이는 많은 문제를 만들 수 있습니다.

　이러한 방식보다는 아이들도 고집이나 떼를 쓸 때 부모가 적절한 방법으로 대하듯, 반려견들에게도 보호자가 반려견의 잘못된 습관이나 고집을 없애기 위해서는 적절한 방법을 선택하여 통제하여야 합니다.

　그 잘못된 습관이나 고집의 예로는 앞서 살펴본 짖음, 흥분, 공격성, 싸움, 분리불안, 산책 문제 등이 있고, 이외에도 보호자의 상황이나 반려견의 견종, 나이, 성격, 성향, 사이즈 등에 따라 통제 방법이 다를 수 있습니다.

　모든 관계가 그러하듯이, 보호자와 반려견의 관계에서도 서로 주고받는 것이 있어야 합니다. 문제아가 있는 가정을 잘 살펴보면 부모에게도 과실이 있는 경우가 많습니다. 무관심이나 과잉보호로 인해 아이들이 문제아로 성장하게 되는 것입니다. 이처럼 반려견의 문제 행동 또한 반려견만의 문제가 아니라 보호자가 반려견을 키우는 데 충분한 사전 지식이 없어서 문제가 되는 경우가 많았습니다.

반려견의 문제 행동을 교정하기 위해서는 반려견이 좋아하는 것을 먼저 해주어야 합니다. 그러한 상황이 전제되어야 반려견의 감정을 상하지 않는 방법으로 문제 행동을 정확히 인지시켰을 때 반려견이 빠르게 변화합니다. 하지만 반려견이 좋아하는 산책을 충분히 시켜주지 않은 상태에서 보호자가 반려견의 문제 행동을 통제하려고 하면, 반려견은 그동안의 누적된 스트레스로 인해 보호자에 대한 반발심을 일으킬 수 있습니다.

문제 행동을 하는 반려견을 교정하는 과정에서 야단을 침으로써 통제할 수도 있습니다. 하지만 그 상황에서 보호자가 어떠한 방법으로 통제하느냐에 따라 아기처럼 순수한 마음을 가지고 있는 반려견이 수긍할 수도 있고 반감을 가질 수도 있습니다. 감정이 개입되지 않은 상태에서 통제하면 보호자의 경고로 인식되어 빠르게 교정될 수 있습니다.

하지만 큰소리치기, 눈싸움하기, 손가락질하기, 물건으로 겁주기, 힘으로 제압하기, 밀치기, 블로킹하기 등 감정적으로 반려견을 야단치면, 반려견 또한 긴장감, 두려움, 공포심 등 부정적인 감정을 느낄 수 있습니다. 이렇게 감정이 반영된 행동들은 반려견으로 하여금 보호자를 어려워하거나 보호자의 눈치를 보게 된다는 것을 아셔야 합니다.

야단은 경고로서의 역할을 해야 합니다. 감정이 섞인 야단이나 두세 번 반복되는 야단은 반려견에게 폭력으로 받아들여질 수 있습니다. 이로 인해 공격성이 나타나는 등 여러 심리적인 문제가 발생할 수 있습니다.

저에게 교육을 받으시는 보호자도 처음에는 교육 과정에서 반려견을 대할 때 긴장하기도 합니다. 하지만 교육을 통해 반려견을 대하는 종합적인 방법을 배운 후에는 편안하고 자신있는 모습으로 변화하게 됩니다.

반복하여 말씀드리지만, 자녀에게 해서는 안 되는 행동들은 반려견에게 해서는 안 됩니다. **맹목적인 사랑으로 키우기보다는 반려견이 보호자를 믿고 편하게 따를 수 있는 참사랑을 주어야 합니다.** 말을 하지 못하는 반려견은 행동이나 표정으로 감정과 상태를 드러내니, 이를 주의 깊게 살펴보아야 합니다. 보호자의 올바른 리드와 감정이 배제된 통제가 반려견과 함께 하는 15~20년의 생활에 있어서 중요한 요소입니다. 그렇기 때문에 반려견을 키우는 데 필요한 적절한 리드와 통제 방법을 배우기 위해서는 전문가에게 올바른 교육을 받는 것이 중요합니다.

2시간 1회 교육

많은 보호자와 교육 상담을 하는 중에 반려견의 문제 행동을 2시간의 교육 한 번으로 교정할 수 있다고 하면 믿지 못하겠다는 반응을 자주 보게 됩니다. 실제로 보호자들은 저와 반려견 교육을 진행하는 과정에서 몇 차례 놀랍다고 말씀하십니다. 우선 보호자가 반려견을 키우는 몇 년 동안 대중매체를 참고하면서 다양한 방법을 시도해봤는데도 매번 실패한 반면에, 2시간이라는 짧은 시간 안에 짖음, 흥분, 분리불안, 공격성향, 산책 등의 실내외에서 발생하는 문제가 한꺼번에 해결된다는 사실에 놀라십니다.

또한 보호자가 그동안 사용하였던 인위적인 방법들을 사용하지 않고, 반려견에게 말을 가르침으로써 반려견이 '안 돼'라는 말 한마디에 문제 행동을 멈추도록 할 수 있다는 사실에 놀라십니다. 반려견을 직접적으로 교육하는 제 말에만 반응하는 것이 아니라 보호자의 '안 돼'라는 말에도 반려견이 통제되는 모습에 또 한 번 놀라십니다. 저 또한 교육을 통해 달라지는 반려견들에게 고마운 마음을 가지면서도, 변화된 모습에 놀랄 때가 종종 있습니다.

저는 10년 이상의 위탁교육 경험을 바탕으로 대한민국 최초로 2000년에 반려견 가정방문 교육시대를 열었습니다. 제가 처음 방문 교육을 시작했을 때는 현재에 흔히 사용되는 홍보수단인 인터넷이 없었습니다. 그래서 주택에서 반려견을 키우는 보호자나 공원이나 길에서 만난 보호자들에게 직접 방문 교육에 대해 설명한 뒤에 교육을 진행하기 시작하였습니다.

또한 서울 경기 지역의 동물병원 원장님이나 반려견을 분양하는 분들의 도움으로 방문교육을 꾸준히 할 수 있었습니다. 그 후 인터넷이 활성화되면서 저 또한 인터넷을 활용하여 홍보를 해왔으며, 지금까지도 지속적으로 많은 보호자의 의뢰를 받아 교육을 진행하고 있습니다.

처음에는 교육과정을 1시간 8회로 계획하여 진행하였고, 이후에 2시간 4회로, 2시간 2회로 점차 횟수를 줄여가며 교육을 진행하였습니다. 그리고 많은 노하우가 쌓인 현재는 2시간 1회의 교육으로 진행하고 있습니다. 단 1회의 교육만으로도 반려견의 문제 행동들을 교정하고 그 자리에서 보호자가 직접 반려견을 통제할 수 있도록 해드리니, 보호자의 만족도는 매우 높았습니다. 저는 교육을 하고 나면 며칠 뒤에 보호자들과 확인차 통화를 합니다. 반려견의 변화된 상태를 확인하면서, 추가적으로 필요하시면 한 번 더 방문교육을 진행해드리겠다고 제안합니다. 하지만 보호자 분들은 반려견의 문제 행동이 거의 다 교정되었다며 괜찮다고 하십니다. 실제로 두 번째 방문을 원하신 보호자는 손에 꼽을 정도입니다.

제가 2시간 1회의 교육으로 정착하게 된 시기는 반려견 교육을 시작한 지 20년 정도 되었을 때입니다. 그때부터 20년 경력의 노하우를 바탕으로 반려견 방문교육의 시간과 횟수를 2시간 1회로 진행하게 되었습니다. **반려견에게 말을 가르치면 반려견이 '안 돼'라는 말을 알아듣고 주인이 그 행동을 싫어한다는 것을 인지하고 스스로 판단하여 멈춥니다. 이러한 원리로 실내외의 모든 문제 행동이 빠르게 해결되는 것입니다.**

이 교육 과정으로 진행해온 세월이 10년이 넘었습니다. 그 과정에서 2011년에 미국 LA를 방문하여 한인 방송 '라디오 코리아' 아침마당에 출연하게 되었습니다. 그때 많은 청취자 분이 미국에서 보편화되어 있는 여러 차례에 걸친 교육과정이 아닌 저의 2시간 1회의 교육으로 반려견의 문제 행동이 변화하는 모습에 신기해하셨습니다.

저에게는 이 경험이 해외에서 다양한 견종의 반려견이 나타내는 문제 행동을 교정함으로써 교민들에게 도움이 될 수 있었다는 점에서 뜻깊었습니다.

LA 라디오 코리아 출연 후 진행한 반려견 교육

LA에서 교육했던 기억을 떠올려보면 가족들이 주택에서 키우는 중·대형견 불독과 아끼다견, 60대 남성분이 은퇴 후 키우는 도베르만, 여러 가족이 키우는 몰티즈, 가족들이 주택에서 키우는 진도견, 여성분이 아파트에서 키우는 포메라니안과 몰티즈, 여성분과 함께 사무실로 출근하는 푸들 다섯 마리 등 다양한 반려견을 접해보았습니다.

각각의 가정에서 겪고 있는 반려견의 문제 행동을 교정하면서 보호자 혼자서도 반려견을 잘 통제할 수 있게 도와드렸습니다. 이후에도 미국 LA에서 별도의 요청을 받아 2012년 2015년에 교민들이 키우는 반려견의 문제 행동을 교정해주었습니다.

미국 LA 몰티즈(좌), 요크셔테리어(우)

문제 행동을 보이는 반려견을 교육하러 가정에 방문해보면 보호자의 눈치를 많이 보거나 집착 증세를 나타내며 쉽게 흥분하는 반려견의 모습을 볼 수 있습니다. 보호자 또한 반려견을 제대로 통제하는 방법을 몰라서 너무 힘들고 당혹스럽다고 말씀하십니다.

그런데 2시간의 교육을 받고 난 이후에는 보호자가 자동차 운전을 하듯 반려견을 편안하게 통제할 수 있게 되었다며 만족해하십니다. 반려견 또한 표정이 밝아지고 행동이 차분해집니다. **반려견이 이토록 빨리 변화하는 것은 이들의 감정을 상하게 하지 않고 수긍할 수 있는 방법으로 통제하기 때문에 가능합니다.**

10 표정

사람의 얼굴에는 각자의 감정이 나타납니다. 표정에 희로애락이 담겨있듯이, 반려견 또한 각자의 표정이 있다는 사실을 알고 계신가요?

특히 말을 하지 못하는 반려견들은 눈으로 감정을 표현합니다. 강아지 시절의 반려견은 모두 귀엽고 천사 같은 표정을 짓고 있지만, 성장 과정에서 보호자가 반려견을 어떻게 대하는지에 따라 표정이 변하게 됩니다. **행복한 표정, 애틋한 표정, 우울한 표정, 애절한 표정, 불쌍한 표정, 불안한 표정, 두려운 표정, 사나운 표정 등 감정을 나타내는 다양한 표정이 있습니다. 지금 옆에 있는 반려견의 표정을 잘 살펴보십시오.**

반려견은 표정이 풍부합니다. 반려견도 사람과 마찬가지로 자신의 의사나 감정 상태를 표정으로 말을 합니다. 반려견의 웃고 있는 표정은 보호자의 마음까지 편안하고 따뜻하게 해줍니다. 결국에는 반려견의 표정에서 느껴지는 감정이 보호자에게 그대로 전달되는 것입니다. 올바른 교육을 받은 보호자가 반려견을 산책시켜주면 반려견의 표정이 밝아지고, 그런 표정을 보는 보호자 또한 긍정적인 에너지를 받게 됩니다.

올바른 산책을 통해 스트레스가 해소되고 기분이 좋아져
행복한 반려견들의 표정

이와 반대로 반려견을 충분히 산책시켜주지 않아 스트레스가 누적되거나, 교육 과정에서 반려견에게 인위적인 행동을 함으로써 불안감을 조성하게 되면, 반려견의 표정이 어두워집니다. 무기력하거나 우울해하는 반려견을 보면 그 감정이 보호자에게도 고스란히 전달됩니다.

산책 시 심한 짖음으로 인해 산책을 충분히
하지 못해 우울한 반려견의 표정

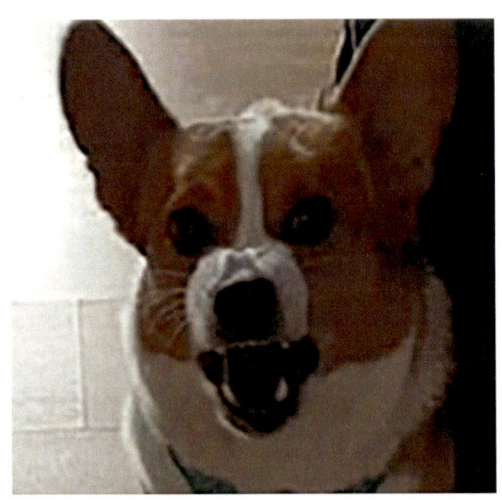

산책 시 통제가 어려워 산책을 충분히 하지 못했고,
그로 인해 사회성이 부족하게 되어 사람에 대한 경계심이
높아진 상태. 분노와 스트레스가 가득한 반려견의 표정

사진에서 볼 수 있듯이, 보호자가 교육과정에서 반려견이 수긍할 수 없는 방법을 사용하여 누적된 스트레스를 주었기 때문에 더 과민하고 우울한 표정이 나옵니다.

많은 보호자가 평상시 훈육을 위해 큰소리치기, 눈싸움하기, 손가락질하기, 밀치기, 블로킹, 켄넬에 넣기 등을 하고 있습니다. 보호자가 이러한 행동을 습관적으로 하게 된다면, 그때마다 반려견의 표정을 확인해 보십시오. 반려견이 좋아하거나 싫어하는지 또는 편안해하거나 불편해하는지 직접 확인해보면 생각이 변하실 것입니다.

많은 보호자가 여러 매체에서 알려주는 간식 훈련을 하고 계십니다. 하지만 **그 간식을 얻기 위해 억지로 표정을 짓는 반려견의 마음을 헤아려볼 필요가 있습니다. 반려견은 간식을 빌아먹기 위해 불쌍한 표정이나 애절한 표정을 많이 짓습니다.**

반려견을 가족의 일원으로 생각하고 있는 보호자 중 반려견이 이런 표정을 자주 짓는 것을 원하시는 분은 아마 없을 것입니다. 부모가 아이의 불쌍한 표정을 보고 싶지 않아하듯, 반려견 또한 불쌍한 표정을 보이지 않도록 해야 합니다. 아이들에게 간식은 텔레비전을 보면서 편하게 먹을 수 있는 과자인 것처럼, 반려견에게도 아무 조건 없이 편하게 먹을 수 있는 간식의 역할을 해야 합니다.

반려견 선진국에서는 우리나라보다 반려견 교육에 관한 정보가 방대한데도 불구하고, 대다수의 보호자가 매체에서 사용하는 방법을 그대로 따라해서는 안 된다는 것을 인지하고 있습니다. 그래서 자녀 교육을 필수로 여기듯 반려견 교육도 필수로 여겨, 전문가에게 반려견 교육을 의뢰하고 보호자도 자신의 주거생활에 맞는 통제 방법을 배웁니다. 그리고 규칙적이고 충분한 산책을 통해 반려견이 스트레스를 받는 상황을 미연에 방지해줍니다. 그로 인해 반려견이 가정에서 밝은 표정을 유지할 수 있게 되어, 보호자 또한 반려견과 행복한 시간을 보냅니다.

반려견의 밝은 표정을 계속 보기 위해서는 우리나라에서도 이러한 반려견 문화를 당연하게 받아들여야 합니다. 교육을 받기 전의 반려견은 처음부터 스스로 잘하기가 어렵습니다. 반려견을 키우는 보호자가 올바른 교육 방법을 배워서 반려견이 수긍할 수 있도록 해주어야 합니다.

교육 받기 전 긴장하여 경계하는 반려견 　교육 받은 후 밝게 웃고 있는 반려견

※ 2시간동안 반려견의 감정이 상하지 않고 수긍할 수 있는 방법으로 교육을 진행하기 때문에 교육 전과는 다른 밝은 모습으로 변화됩니다.

지금 반려견들의 눈을 한 번 봐주세요!

평상시 반려견이 사람한테 눈치나 집착, 흥분이 아닌 밝고, 여유롭고, 차분한 모습을 보일 수 있도록 도와주셔야 합니다. 반려견은 함께 살아가는 가족이며 동반자입니다. 우리가 사는 동안 서로 건강하고 행복하게 살아야 합니다.[17]

---

17) 추가적인 정보는 유튜브 '반려견 행복 도우미' 4회, 11회, 18회, 23회 영상을 참고하십시오.

4장

유기견과 반려견 사고 예방

01
유기견 예방법

사전에 따르면 유기견은 '주인이 돌보지 않고 내다 버린 개'라고 명시되어 있습니다. 뉴스나 신문 등 여러 대중 매체에서는 매년 유기견이 급증하고 있다는 소식을 전하고 있습니다. 이 문제를 해결하기 위해서는 그 원인을 생각해볼 필요가 있습니다. 유기견이 발생하는 원인은 크게 두 가지로 볼 수 있습니다.

첫 번째 원인은 반려견에 대한 보호자의 정보 부족입니다. 보호자는 반려견을 키우기로 마음을 먹은 순간부터 많은 정보를 수집하고 검토해야 합니다. 예를 들어, 보호자의 가족 구성원, 생활 방식, 주거 환경을 점검하고, 그에 적합한 반려견의 종류 및 사이즈 등을 고려하여 신중히 선택해야 합니다. 보호자가 처한 상황이나 환경을 고려하지 않고, 단지 강아지 시절에 귀엽다는 이유로 급하게 입양할 경우에는 많은 문제를 겪게 됩니다. 특히 아기가 있는 가정에서는 반려견 입양 시 더 많은 요소를 고려해야 합니다.

보호자가 적지 않은 시간을 밖에서 보내면서 반려견이 집에 혼자 지내는 시간이 길어질 경우, 반려견은 많은 문제 행동을 보일 수 있습니다. 이러한 경우에 해당된다면 반려견을 무리해서 입양하기보다는 심신의 여유가 있을 때 입양하기를 권장합니다. 보호자의 부재나 산책 부족으로 인해 반려견은 스트레스를 받게 되고, 이는 반려견이 실내뿐만 아니라 실외에서도 문제를 일으키는 주된 원인이 됩니다. 대부분 함께 시간을 공유하면서 행복하게 생활하기 위해 반려견을 입양합니다. 그렇기에 입양하기 전에 반려견을 키우기 위한 여러 요소를 고려하면서 충분히 숙고해야 합니다.

두 번째 원인은 반려견의 문제 행동입니다. 반려견이 가정에서 여러 문제 행동을 일으킬 때, 보호자가 다양한 방법으로 문제 행동을 교정해보려고 시도해보다가 유기하는 경우도 많습니다. 교육을 받으면 충분히 교정될 수 있는 문제 행동들조차 반려견의 감정을 상하게 하고 수긍할 수 없는 방법으로 해결하려고 합니다. 그로 인해 보호자와 반려견 사이에 소통의 벽이 생겨 문제 행동이 악화되기도 합니다.

사실 이는 보호자가 반려견을 올바르게 통제하는 방법을 인지하지 못하는 데서 비롯된다고 볼 수 있습니다. 반려견의 문제 행동에서만 원인을 찾기보다는, 보호자가 전문적인 교육을 받음으로써 반려견과의 마찰을 해결하는 방법을 익히는 것이 중요합니다. 보호자가 올바른 교육을 받고 반려견을 키우게 되면, 반려견의 문제 행동은 자연스레 해결될 것입니다. 이는 나아가 유기견이 줄어드는 데에도 기여할 것입니다.

우리나라에서는 유기견이 발생하면, 이들을 돌봐줄 새로운 보호자를 찾아주는 데 집중하는 경향이 있어 아쉬움이 있습니다. 사실 이보다 중요하고 필요한 것은 보호자를 대상으로 한 올바른 교육입니다. 보호자가 반려견의 여러 문제 행동에 현명하게 대처할 수 있는 능력을 기름으로써 우리나라에서 급증하고 있는 유기견 문제를 근본적으로 해결할 수 있을 것입니다.

02
반려견 사고 예방법

　반려견 사고는 예상치 못한 순간에 갑자기 일어날 수 있습니다. 반려견 선진국에서는 반려견 교육이 보편화되어 있기 때문에, 반려견으로 인해 발생하는 사고율이 우리나라에 비해 현저히 낮습니다.

　사고를 유발할 수 있는 중·대형견은 필수적으로 교육을 받아 보호자가 충분히 통제할 수 있을 때 산책을 나가는 것을 권장합니다. 그리고 힘이 약한 보호자의 경우에는 가슴 줄로는 통제가 어려우니, 네임 목줄을 사용해야 반려견을 통제하는 데 도움이 됩니다. 또한 공격성을 보이는 반려견은 입마개를 착용시킴으로써 사고를 사전에 방지할 수 있습니다.

　운전을 처음 배울 때는 시동을 켜는 방법부터 도로상황에 맞게 안전하게 운행하는 방법 그리고 주차 방법까지 차근차근 강사에게 배웁니다. 그렇게 운전 면허증을 취득한 이후에도 실제로 도로에서 운전할 때는 항상 집중을 해야 합니다. 그리고 비나 눈이 오는 날에는 감속운전을 해야 안전운행을 할 수 있습니다. 이와 마찬가지로 보호자 또한 교육을 통해서 산책 시 마주할 수 있는 다양한 상황에서 반려견을 적절하게 다루는 방법을 배운 이후에, 사람들이나 다른 반려견이 있는 장소에 반려견을 데려가야 합니다. 산책하는 과정에서는 자동차를 운전하듯이 주변 환경을 살피면서 반려견을 다루어야 합니다. 이로써 보호자와 반려견이 모두 안전하고 즐거운 산책 시간을 즐길 수 있습니다.

우리나라에서 반려견을 키우는 사람들은 매년 증가하고 있습니다. 그에 비해 전문적인 반려견 교육에 대한 참여도는 낮은 편입니다. 이제는 기존의 반려견 교육에 대한 접근에 변화가 필요한 시점이라고 생각합니다. 기존의 방법들이 우리나라의 반려견 사고율을 감소시키는 데 도움을 주지 못하는 상황에서, 소통을 기반으로 하는 제 방법이 사고율을 감소시키는 데 긍정적으로 기여할 수 있기를 기대합니다.

반려견 교육 후기

🐾 **푸페**

앞마당 산책

야외 산책

"반드시 하루에 2~3번씩 산책을 시켜야 한다는 원칙을 철저히 지키고 있는 덕분에 푸페는 오늘도 건강한 노견으로 행복하게 살고 있습니다."

2006년에 3개월 된 푸페를 입양하고 산책 교육이 필요하다고 생각할 때쯤에 방송에서 접하게 된 이문기 소장님께 교육을 받게 되었습니다. 5개월 때 받은 기본적인 산책 교육 덕분에 현재 17세가 넘는 노견임에도 불구하고 걷고 뛰는 데 전혀 지장이 없는 건강한 상태를 유지하고 있습니다.

물론 며칠씩 장맛비가 내리는 무더운 여름철이나 하얀 눈이 푸페 발보다 높게 쌓인 추운 겨울에 함께 외출하는 것은 여간 어려운 일이 아닙니다. 특히 해외여행 등으로 인해 며칠간 반려견을 직접 돌볼 수 없을 때 조력자를 구하는 것도 쉽지 않은 게 현실입니다.

어쨌든 이문기 소장님께 받은 기본 교육을 바탕으로, 푸페가 산책이나 운동을 하고 나서는 충분한 휴식을 취하고 수분을 섭취할 수 있도록 항상 신경을 쓰고 있습니다. 이 덕분에 주위 사람들로부터 푸페가 나이에 비해 어려 보이고 잘 걷는다는 이야기를 자주 듣습니다. 이럴 때마다 산책의 중요성을 인식시켜주고 올바른 운동 방법을 알려주신 이문기 소장님께 감사하는 마음이 듭니다.

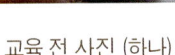 하나

교육 전 사진 (하나)　　　　　　교육 후 사진 (하나)

"교육을 받기 전에는 흥분과 불안이 가득하던 표정이 교육을 받은 후에는 밝고 차분하게 달라집니다. 반려견이 행복하면 가정, 사회, 우리나라가 더 행복해집니다."[18]

하나를 유기견 센터에서 데려올 때 아무런 공부나 준비 없이

---

18)　추가적인 정보는 유튜브 '반려견 행복 도우미' 11회의 하나편 영상을 참고하십시오.

데려와서 병원의 말과 유튜브의 영상들만 참고해서 셀프교육을 했습니다. 그런데 이상하게도 분리불안이나 산책 시 다른 개에게 짖거나 줄을 당기는 등의 문제들이 갈수록 심해지고 하나도 눈에 띄게 우울해보였습니다. 제가 참고했던 교육이 우리에게 맞지 않는 것 같다고 생각하던 중 우연히 유튜브에서 "반려견 행복도우미" 채널을 보고 이문기 소장님께 연락드렸습니다.

교육은 2시간가량 진행되었고 영상에서 본 것과 똑같이 순식간에 바뀌는 하나를 보며 너무 신기하고 그간 고생만 시킨 것 같아 하나에게 너무 미안했습니다. 단어를 알려주고, 적절한 칭찬과 통제, 훈련뿐만 아니라 개들의 특성과 간식이나 산책 후 팁 등 유용한 정보들을 알려주셔서 하나의 건강도 챙기고 저도 편리했습니다. 오늘까지 3주가 지났는데 여전히 우리는 잘 지내고 있습니다. 하나는 제 말을 잘 들어주고 저도 배려해주고 있습니다. 아직도 잘못된 교육 방식으로 서로 소통하지 못해서 고생하고 있을 많은 반려견과 보호자 분께 반려견 행복 도우미 이문기 소장님이 연결되어 다들 즐겁게 생활하셨으면 좋겠습니다.

🐾 금조

교육 전 사진 (금조)

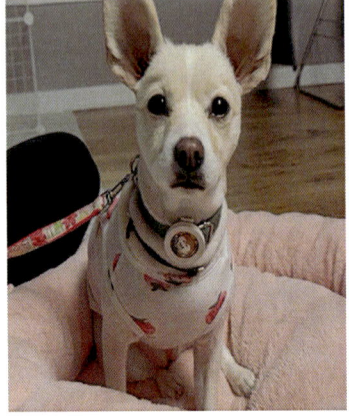

교육 후 사진 (금조)

"심한 분리불안을 보이고, 산책할 때 다른 개를 보면 심하게 짖던 금조가 교육을 통해 집에서 혼자 편하게 쉬고, 다른 개들과 어울려 지낼 수 있도록 변화되었습니다."[19]

---

19) 추가적인 정보는 유튜브 '반려견 행복 도우미' 12회의 금조편 영상을 참고하십시오.

안녕하세요, 금조 엄마입니다. 금조가 교육 받기 전에는 분리 불안도 심하고, 산책 갔을 때 다른 강아지들을 보면 심하게 짖어서 줄을 당기느라 힘들었습니다. 집 안에서도 외부 소리에 예민하게 반응해서 많이 짖었습니다. 그러다가 우연히 유튜브에서 이문기 선생님의 영상을 보고 교육을 의뢰하게 되었습니다. 교육 받고 나서는 금조가 너무 많이 달라졌습니다. 지금은 집에 혼자 있어도 불안해하지 않고, 산책 중에 다른 강아지들을 보고도 짖지 않습니다. 그 짧은 시간에 금조가 이렇게 바뀔 수 있을지 상상도 못했습니다. 금조가 많이 안정되면서 저희 가족 모두 만족하고 있습니다.

 펩시

교육 전 사진 (펩시)

교육 후 사진 (펩시)

"교육을 받기 전에는 다른 반려견들에게 달려드는 펩시의 공격성 때문에 보호자는 다른 반려견만 마주치면 긴장하고 피해 다녔습니다. 교육을 받은 후에는 펩시가 더 이상 공격성을 나타내지 않고 다른 반려견들과 함께 어울리는 모습을 보여 보호자 또한 산책을 즐기게 되었습니다."

"외부인의 방문이나 초인종 소리에 예민하게 반응하고, 움직이는 물체나 다른 반려견에게 공격성을 보이던 대형견 펩시는 교육을 받은 후에 사람들이 많은 장소나 시간에 보호자와 함께 산책을 할 수 있게 되었습니다."

예전에는 산책할 때 오토바이나 자동차처럼 움직이는 물체나 다른 반려견을 마주치면 짖거나 공격성을 보였습니다. 그래서 다가가서 '안 돼'라고 해봤지만 통제가 되지 않아 그저 목줄을 잡아당길 수밖에 없었습니다. 그동안의 방법은 크게 효과가 없었고, 결국 사람이 없는 아주 이르거나 늦은 시간에 산책을 나갔습니다. 또한 외부인이 들어오거나 초인종을 누르면 심하게 짖어서 위층 이웃에게도 피해가 갔었고, 차안에 잠깐이라도 혼자 남겨지면 매우 흥분했습니다.

하지만 훈련사님께 2시간 교육을 받은 후로는 '안 돼'라는 말을 알아듣고 여러 문제 상황에서 많이 얌전해진 것 같습니다. 교육받고 나서는 밝은 대낮에 산책할 수 있게 되었습니다. 안전하게 산책할 수 있는 이 분위기가 너무 좋습니다. 또 펩시가 가족들과 함께 야외 커피숍에서 여유로운 시간을 보낼 수 있게 되었습니다.

이전까지는 생각해보지도 못했는데 이런 시간을 보낼 수 있어서 행복합니다. 특히 제 아내는 목줄로 제어하려고 시도해도 펩시가 대형견이다 보니 힘이 세서 불가능했었습니다. 하지만 교육 후에는 구체적으로 산책하는 방법을 배워서 특별한 제어 없이도 펩시가 잘 따라주게 되었습니다.[20]

---

20) 추가적인 정보는 유튜브 '반려견 행복 도우미' 13회의 펩시편 영상을 참고하십시오.

맺는글

　어떤 직종이든 전문가는 따로 있고, 이들은 일반적인 사람들과 구분되는 차별점을 가지고 있습니다. 오랜 경력을 기반에 두고 있어 문제점을 빠르고 쉽게 해결해줍니다. 암 전문의는 한 번의 수술을 통해 환자분의 고통과 그 가족들의 걱정을 최소한으로 줄여줄 것입니다. 자동차 정비사는 고객이 맡긴 차를 빠르게 고쳐 고객이 겪고 있는 이동의 불편함을 해결해줄 것입니다. 수학 강사는 학생이 질문한 문제를 쉽게 풀어주어 학생들에게 신뢰를 줄 것입니다. 전문가의 경력이 오래될수록 자신만의 경험과 노하우를 가지게 됩니다.

　제가 오랫동안 방문교육을 하면서 많은 보호자 분을 만났는데, 다들 반려견 키우기가 어렵다고 하셨습니다. 그만큼 친구로서 또는 가족으로서 길러지는 반려견은 자신에 대해 올바르게 이해하고 리드해주는 보호자를 필요로 합니다.

　보호자가 반려견을 제대로 통제하지 못하면 반려견에 의해 일어나는 사건이나 사고는 결코 사라지지 않을 것입니다. 이로 인해 사람들은 반려견에 대해 부정적인 시각을 가지게 되고, 이러한 시각은 반려견과 보호자가 행복하게 살 수 있는 사회로 나아가는 데 큰 걸림돌이 될 것입니다.

　현재 동물에 대한 세계인의 다양한 관심과 주목이 점점 커져 가고 있습니다. 이러한 현실 속에서 반려견 교육이 단순히 자신의 반려견에 대한 태도로 그치는 것이 아니라 타인의 반려견에게까지 이어지게 된다면, 이는 일상생활 속에서 강아지들과 살아가는 데 긍정적인 영향력을 발휘할 수 있을 것입니다. 반려견 교육이 동물들이 인간과 함께 살아가기에 좀 더 나은 세상으로 변화시키는 데 기여할 수 있기를 바랍니다. 그러기 위해서는 제대로 된 반려견 교육이 널리 보급되기를 바랍니다.

　많은 분이 이미 눈치채셨겠지만 이 책을 관통하는 가장 큰 원리는 반려견 교육에 있어서 반려견에게 말을 가르치는 것이 중요하다는 것입니다. 이러한 방법을 사용하면 간식을 주거나 억압하는 등 불필요한 행동을 하거나 반복적으로 연습하지 않아도, 반려견이 보호자의 말을 알아듣고 스스로 판단하여 올바르게 행동하게 됩니다.

이것이 반려견과 보호자가 서로 행복하게 생활할 수 있는 지름길입니다. 단순히 강아지를 잘 통제하기 위해서가 아니라, 자신의 반려견, 나아가 동물을 대하는 데 있어서 주체적으로 생각하는 지구 위의 동반자로서 기능할 수 있는 단계로 한 발짝 나아가는 단계로 생각해주시면 좋을 것 같습니다.